商业伦理研究论丛

U0812544

西安交通大学人文社会科学学术著作出版基金资助
中央高校基本科研业务费专项资金资助
(Supported by "the Fundamental Research Funds for the Central Universities")

商业伦理行为的实验研究

张喆 著

西安交通大学出版社
XI'AN JIAOTONG UNIVERSITY PRESS

图书在版编目(CIP)数据

商业伦理行为的实验研究 / 张喆著
.-- 西安 ：西安交通大学出版社，2024.1
ISBN 978-7-5693-2379-5

Ⅰ. ①商… Ⅱ. ①张… Ⅲ. ①商业道德—研究
Ⅳ. ①F718

中国国家版本馆 CIP 数据核字(2024)第 056921 号

书　　名 商业伦理行为的实验研究
SHANGYE LUNLI XINGWEI DE SHIYAN YANJIU
著　　者 张　喆
责任编辑 王建洪
责任校对 柳　晨
装帧设计 伍　胜

出版发行 西安交通大学出版社
(西安市兴庆南路 1 号　邮政编码 710048)
网　　址 http://www.xjtupress.com
电　　话 (029)82668357　82667874(市场营销中心)
(029)82668315(总编办)
传　　真 (029)82668280
印　　刷 陕西思维印务有限公司

开　　本 720mm×1000mm　1/16　**印张** 7.25　**字数** 86 千字
版次印次 2024 年 1 月第 1 版　2024 年 1 月第 1 次印刷
书　　号 ISBN 978-7-5693-2379-5
定　　价 58.00 元

如发现印装质量问题，请与本社市场营销中心联系。
订购热线：(029)82665248　(029)82667874
投稿热线：(029)82665379
读者信箱：793619240@qq.com

前 言

随着经济社会的不断发展，商业伦理已经成为当下学术界以及社会讨论的一大焦点。商业伦理研究关注商业活动中的伦理关系及其规律，对于商业主体应当遵守的行为原则及规范进行探讨，有利于整个社会的长期和谐发展。与此同时，近年来管理学领域屡次出现"管理学研究太软""管理学研究不够科学"等不同的声音，这些声音促使了一些学者开始尝试使用更为科学、更为严谨的方法来进行管理学研究。例如，实验方法的合理使用能够提高研究结论的准确性，帮助研究者更加精确验证因果关系，并在此基础上做出更为科学有效的推论，旨在为重要的管理决策提供更为高质量的建言献策。

本书立足于商业伦理研究领域，结合最新研究成果对于商业伦理行为研究的实验方法概况和实践操作进行全面的梳理和剖析，体现了焦点聚、思路新、内容全、应用好的特点。

第一，本书结合了商业伦理领域前沿研究成果，对于商业伦理行为实验研究的基本概念及实践操作进行了梳理剖析，将实验方法与研究问题进行了整合。本书几乎涵盖了新兴的商业伦理行为实验研究方法，尤其是增添了很多过去管理学实验方法专著缺少的内容，如 FaceReader 以及眼动仪等相关最新的实验研究，旨在使读者不仅可以从本书中了解商业伦理行为实验研究方法的基本知识，而且也可以从本书中了解商业伦理行为实验研究方法的最新前沿进展。

第二，相较于国内外同类成果，本书在内容设计上进行了创新。本书将视角聚焦于商业伦理这一细分研究领域，并在此基础上融合了商业伦理行为实验研究的理论概况与实践范例。具体来说，本书在概述商业伦理实验相关概念及现状后，详细剖析了商业伦理行为领域的实验研究文献实例，进一步说明了商业伦理行为实验设计的原理和原则。这样既对现有理论概念进行了梳理讨论，又对实际操作进行了相关分析，以帮助读者从大处着眼、从小处着手，旨在更加清晰、深刻、全面地掌握聚焦于商业伦理行为领域的实验研究方法相关知识内容。

第三，本书在结构设计上特别注意了将理论思路和操作方法进行统一协调整合。与其他同类成果不同，本书首先对于商业伦理以及实验方法进行概括性陈述，以帮助读者快速、全面地构建起基本理论框架，而后进一步通过解析具体期刊论文及其实验内容来加深读者对于相关知识以及具体操作方面的理解和吸收，旨在使读者更加容易理解和遵循规范的方法与逻辑，构筑理论与实践相结合的商业伦理行为的实验研究方法体系。

总之，在今天这个社会科学蓬勃发展的春天，实验方法得到了前所未有的重视，在商业伦理领域更是如此。然而，好的实验研究离不开令人信服的实验设计，因此从事商业伦理行为研究的学生、教师和科研人员以及对商业伦理感兴趣的管理从业人员都有必要进一步了解商业伦理行为的实验研究方法，以便更为深入地掌握本领域内实验研究的发展趋势，进一步在社会这个大实验场上为推进中国的高质量管理研究做出贡献。

感谢西安交通大学商业伦理研究团队所有小伙伴的努力和付出！对于书中的不当之处，敬请批评指正。

张　喆

2023 年 6 月 16 日于西安交通大学管理学院

目 录

第 1 章　商业伦理 …… 1

1.1　企业违规行为 …… 1

1.1.1　企业违规行为的概念 …… 1

1.1.2　企业违规行为的研究现状 …… 2

1.1.3　论文研究内容概述 …… 4

1.2　个体不道德行为 …… 5

1.2.1　辱虐管理行为的概念 …… 5

1.2.2　辱虐管理行为的研究现状 …… 6

1.2.3　论文研究内容概述 …… 8

1.3　企业社会责任对利益相关者的影响 …… 8

1.3.1　利益相关者的概念 …… 8

1.3.2　企业社会责任与利益相关者的研究现状 …… 10

1.3.3　论文研究内容概述 …… 11

参考文献 …… 14

第 2 章　实验研究方法简介 …… 26

2.1　实验研究方法的概念 …… 26

2.1.1　什么是实验研究方法 …… 26

2.1.2　实验研究方法的具体操作 …… 26

2.1.3　常见的实验研究方法 …… 27

2.2　情景实验 …… 27

2.2.1　情景实验的概念 …… 27

2.2.2　情景实验的优缺点 …… 28

2.3 FaceReader …… 28
2.3.1 FaceReader 的概念 …… 28
2.3.2 FaceReader 的优缺点 …… 30
2.4 眼动仪实验 …… 30
2.4.1 眼动仪实验的概念 …… 30
2.4.2 眼动仪实验的优缺点 …… 31
参考文献 …… 32

第 3 章 企业违规的实验研究 …… 33
3.1 IPO 后公司业绩变脸的实验研究 …… 33
3.1.1 实验研究背景 …… 34
3.1.2 实验研究假设 …… 35
3.1.3 实验研究方法 …… 36
3.1.4 实验研究结果 …… 41
3.1.5 小结 …… 42
3.2 新创企业违规行为的实验研究 …… 43
3.2.1 实验研究背景 …… 44
3.2.2 实验研究假设 …… 45
3.2.3 实验研究方法 …… 46
3.2.4 实验研究结果 …… 48
3.2.5 小结 …… 48
参考文献 …… 49

第 4 章 个体不道德行为的实验研究 …… 50
4.1 辱虐领导来源的实验研究 …… 50
4.1.1 实验研究背景 …… 51
4.1.2 实验研究框架 …… 52
4.1.3 实验研究方法 …… 53
4.1.4 实验研究结果 …… 56
4.1.5 小结 …… 56
4.2 辱虐领导对于第三方影响的实验研究 …… 58
4.2.1 实验研究背景 …… 59

4.2.2 实验研究框架 …… 59
4.2.3 实验研究方法 …… 61
4.2.4 实验研究结果 …… 63
4.2.5 小结 …… 64
参考文献 …… 64

第5章 企业社会责任(CSR)对利益相关者影响的实验研究 …… 65
5.1 CSR对投资者影响的实验研究 …… 65
5.1.1 实验研究背景 …… 66
5.1.2 实验研究框架 …… 67
5.1.3 实验研究方法 …… 69
5.1.4 实验研究结果 …… 74
5.1.5 小结 …… 75
5.2 CSR对员工心理及行为影响的实验研究 …… 76
5.2.1 实验研究背景 …… 77
5.2.2 实验研究框架 …… 78
5.2.3 实验研究方法 …… 79
5.2.4 实验研究结果 …… 86
5.2.5 小结 …… 87
5.3 不同类型CSR对员工心理及行为影响的实验研究 …… 88
5.3.1 实验研究背景 …… 89
5.3.2 实验研究框架 …… 90
5.3.3 实验研究方法 …… 91
5.3.4 实验研究结果 …… 95
5.3.5 小结 …… 96
5.4 CSR对员工认知及行为影响的实验研究 …… 97
5.4.1 实验研究背景 …… 98
5.4.2 实验研究框架 …… 98
5.4.3 实验研究方法 …… 100
5.4.4 实验研究结果 …… 104
5.4.5 小结 …… 104
参考文献 …… 105

第1章

商业伦理

1.1 企业违规行为

1.1.1 企业违规行为的概念

企业违规主要是指组织中的个人或团体的不端行为。从广义来说,企业违规主要是指企业做出了违反国家相关法律法规的行为,而狭义的企业违规主要是指证券监管部门对上市公司做出明确的处罚公告。企业违规的类型广泛,根据中国证监会、财政部、上海证券交易所、深圳证券交易所等机构发布的违规公告,企业违规主要包括信息披露违规、欺诈上市、内幕交易、私自转变资金用场、霸占公司资产、违规为其他人担保以及偷税漏税等违反相关法律法规的行为。

综上,企业违规行为的概念和类型如图1-1所示。

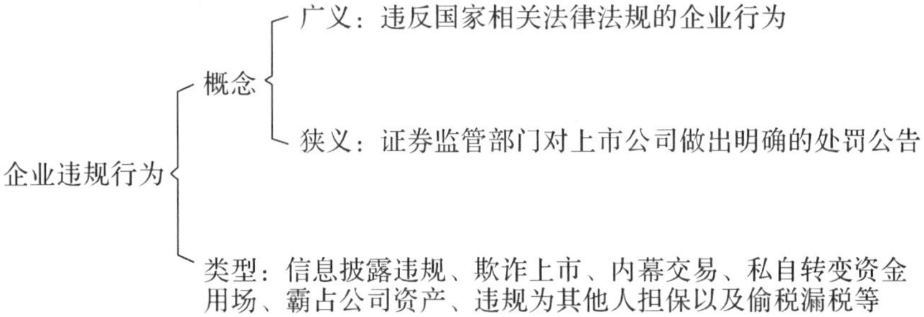

图 1-1　企业违规行为的概念和类型

1.1.2　企业违规行为的研究现状

企业违规行为的相关研究如图 1-2 所示。

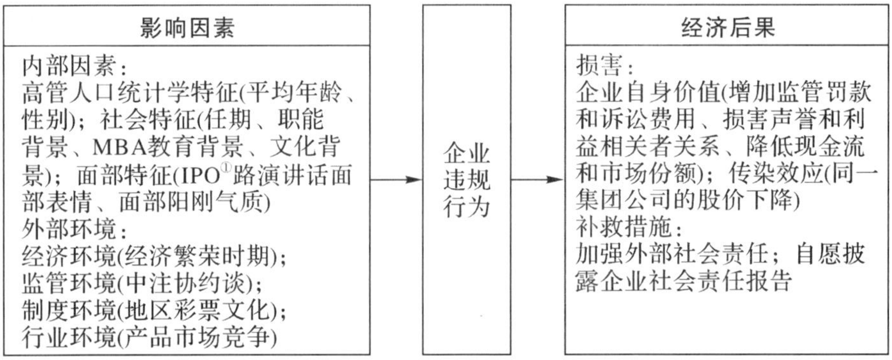

图 1-2　企业违规行为的相关研究

企业违规的前因可以归纳为外部环境和内部因素。从内部因素来看，Daboub 等(1995)讨论了高管团队特征与企业违法行为的关系，提出高管的平均年龄、任期、职能背景、MBA 教育背景等特征会影响企业的非法行为。Gupta 等(2020)关注了高管的性别对公司决策和行动可能产生的影响，发现拥有女性首席财务官的公司比拥有

①IPO 指首次公开募股，英文翻译为 initial public offering。

男性首席财务官的同类公司出现财务误报的可能性更低。戴亦一等(2017)关注高管的文化背景,考察董事长的党员身份对公司财务违规行为的影响,发现拥有党员身份的董事长所在的民营企业更不可能出现报表造假等财务违规行为。

现有研究发现,除了企业内部因素会导致企业违规行为的发生,企业外部环境因素也会影响企业违规行为。如经济发展会影响企业违法行为,经济繁荣时期往往伴随着过度冒险、过度自信和更多的欺骗机会,首席执行官在经济繁荣时期更有可能从事公司不当行为(Bianchi et al.,2016)。王菁华(2021)考察了企业所处的制度环境认为,文化作为非正式制度的核心组成,是影响企业行为的重要因素,并且研究发现企业所在地区的彩票文化越浓厚,企业管理者的风险偏好越高,更有可能发生财务违规行为。李晓慧等(2022)关注了外部监管环境,发现中注协约谈监管对抑制企业违规存在溢出效应,对内部控制存在缺陷的公司发挥“补台效应”,对内部控制有效的公司发挥“合奏效应”,从而抑制企业违规行为。袁靖波等(2021)从行业环境的视角出发,发现产品市场竞争与企业违规行为存在“U形”关系,当产品市场竞争处于较低水平时,企业违规行为将随着产品市场竞争的提升而降低;当产品市场竞争处于较高水平时,企业违规行为将随着产品市场竞争的提升而增加。

关于企业违规行为后果的研究相对较少,已有的研究主要集中于企业违规对企业带来的损害和补救措施等方面。违规行为会损害企业价值,例如,环境违规行为会产生高额的监管罚款和诉讼费用,损害企业声誉和利益相关者关系,进而减少企业现金流和市场份额,随后通过选择加强外部社会责任以转移公众注意力,恢复企业声誉(徐晗叶 等,2020)。研究发现,企业发生违规行为后会自愿披露企业社会责任报告以恢复企业合法性,尽管发布高质量的社会责任报告无法提升发生违规行为的企业价值(车笑竹 等,2018)。违规行为在同一集团的公司之间存在传染效应,集团内有企业发布违规公告后,同一企业的其他公司会受到传染,导致股票价格下降(刘丽华 等,2019)。

1.1.3 论文研究内容概述

本书第3章的两篇论文研究了两种企业违规行为,分别是IPO后公司业绩变脸和新创企业违规行为。对于企业来说,高管是企业战略的主要决策者,企业的违规行为通常是企业高管的故意行为(Chen et al.,2020),因此这两篇文章均从企业高层管理者的角度出发,探究企业违规行为的前因。

IPO为第一次公开发行股票,是指满足发行要求的公司发行股票,使其股票能够挂牌交易,向社会公众投资者募集资金。IPO后公司业绩变脸是指企业上市后的经营业绩难以维持其IPO前的经营水平,IPO后经营业绩出现显著下滑而发生变脸,导致投资者损失惨重。从理论上来说,刚上市的企业具有极大的发展潜力和成长能力,上市后可以获得广泛的投资机会,募集更多资金。同时,上市后公司的绩效指标会成为投资者是否投资的依据,因此上市公司会采取措施督促和激励企业的经营活动,提高企业的业绩。因此,公司上市后经营业绩预期是持续上涨的,但是很多事实都证明公司在IPO上市后经营业绩非但没有提高反而出现显著下降,这种现象被定义为IPO后业绩变脸现象。关于业绩变脸的前因,已有文献研究了“发审委”联系(杜兴强 等,2013)、政治关联(逯东 等,2015)、承销商关系(余峰燕 等,2017)、盈余管理(李明 等,2018)等原因,主要从信息不对称角度出发,通过隐藏有关公司真实价值的信息,欺骗投资者。对于投资者来说,这类前因使得投资者难以获取有关公司真实价值的“硬”信息，因此，贾明等(2020)考虑了投资者可以直接获取的“软”信息，即董事长在IPO路演讲话时的面部表情，探究其对IPO后业绩变脸的预测价值。研究发现，董事长在IPO路演讲话时的面部表情所反映出的负面情绪水平越高，公司IPO后业绩变脸的可能性越大。

企业违法是一种典型的违反社会规范、规章制度或直接损害利益相关者利益的高风险不法经营行为(Hansen et al.,2011)。被发现从事企业违法行为的企业会受到严厉的惩罚，而且要花费大量资源修复受损的企业形象(Mishina et al.,2010)。对于严重的企业违法行为的影响因素，Gong等(2020)关注预测公司违法行为的高管生理特征——面部阳刚气质，研究表明，具有更多面部阳刚气质的企业家更有可能从事公司违法行为，有助于投资者做出明智的投资决策。

总的来说，这两篇文章借助FaceReader方法，捕捉了企业高管的典型面部特征，探究了企业违规行为的前因。对于投资者来说，面部表情和面部特征是容易直接观察到的信息，投资者可以通过观看高管讲话时的表情和照片，提高自己的甄别能力，规避投资风险。

1.2 个体不道德行为

1.2.1 辱虐管理行为的概念

本书第4章的两篇论文研究了个体不道德行为，即领导的辱虐管理行为。辱虐管理是组织中普遍存在的不道德领导行为，Tepper(2000)最早提出了关于辱虐管理的概念，他认为辱虐管理是员工感知到的，领导对员工持续的语言或非语言的敌意性管理行为(不包含身体接触)，包括对下级员工的工作能力公开批评、指责、嘲笑、羞辱、贬低、恐吓，不兑现对员工的承诺，以及用粗鲁无礼、漠不关心、不予理睬的消极态度对待员工(Tepper,2007)。

辱虐管理行为的概念和类型如图 1－3 所示。

辱虐管理行为
- 概念：下级员工主观感知到的，领导对员工持续的语言或非语言的敌意性管理行为(不包含身体接触)(Tepper，2000)
- 类型：公开批评、指责、嘲笑、羞辱、贬低、恐吓下级员工，不兑现对员工的承诺，用粗鲁无礼、漠不关心、不予理睬的消极态度对待员工（Tepper，2007）

图 1－3　辱虐管理行为的概念和类型

1.2.2　辱虐管理行为的研究现状

辱虐管理行为的相关研究如图 1－4 所示。

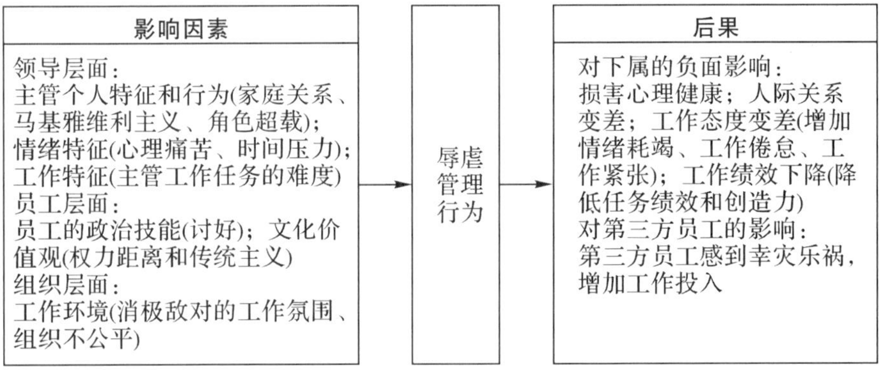

图 1－4　辱虐管理行为的相关研究

越来越多的学者开始研究辱虐领导行为的前因，主要可以分为领导层面、员工层面和组织层面。首先，领导作为辱虐管理的实施者，领导者的个人特征和行为是辱虐管理的关键影响因素。例如，根据社会学习理论和代际传递假设，如果领导者家庭关系不和谐，在童年时期经历了较高程度的家庭破坏，工作后更容易采取辱虐管理行为；马基雅维利式的领导者倾向于对员工采取敌对、辱骂的行为，表现出辱虐管理等消极的领导行为；领导者的角色超载会导致领导者产生沮丧情绪，这种强烈的负面情绪会引发领导在工作场所表现出辱虐管理行为;根据资源保存理论,领导者的心理痛苦会促使他们进行辱虐管理,进而增强了下属员工的心理痛苦。其次,大多数辱虐管理行为的研究是根据下属对主管行为的感知来衡量的(Tepper,2000),而不是客观测量的。无论被感知到的辱虐管理是否真实,下属的特质会影响他们对主管行为的解读(Martinko et al.,2013)。因此,辱虐管理行为不仅受到领导者本身的影响,下属作为这一行为的接收者,下属的特征和行为也是辱虐管理重要的前因变量。例如,具有较高政治技能的员工不太可能经历辱虐管理,因为他们可以通过实施某些政治策略,如讨好(Ferris et al.,2010)等来控制与主管的关系(Harrell-Cook et al.,1999)。下属的文化价值观,即权力距离和传统主义也影响他们对辱虐管理的感知,因为这两种文化价值观反映了员工对组织中权力分配不平等的接受程度和对权威的尊重程度(Kernan et al.,2011)。权力距离较低或具有非传统文化价值观的下属更倾向于平等主义,感知到的辱虐管理程度更高。最后,主管和下属所处的组织环境也是导致辱虐管理行为的前因变量。消极敌对的工作氛围(Mawritz et al.,2014)、组织不公平(Klaussner,2014)都是辱虐管理的潜在诱因。另外,也有研究从工作特征的角度出发,探究其对辱虐管理的影响,发现主管工作本身的特征,如高难度的任务会促使主管产生对下属的辱虐管理行为(毛江华 等,2014)。

关于辱虐管理后果的研究集中于其消极影响,辱虐管理对于下属的心理健康、人际关系、工作态度、工作绩效和工作行为等方面存在一系列负面影响。研究表明,辱虐管理会降低受害者的任务绩效(Peng et al.,2014)、创造力(Liu et al.,2012),增加情绪耗竭(Grandey et al.,2007)、工作倦怠(Martinko et al.,2013)和工作紧张(McAllister et al.,2018)。

1.2.3 论文研究内容概述

本书第 4 章中的两篇论文分别探讨了辱虐管理的前因和后果。

现有的对辱虐管理前因的研究大多从静态角度出发，忽视了辱虐管理行为随时间的动态波动。相关学者从时间视角探究辱虐管理的前因，研究主管的时间压力如何影响辱虐管理行为，发现时间压力会降低主管的道德意识，从而增加其后续的辱虐管理行为。

已有辱虐管理后果的研究只聚焦于辱虐领导的直接受害者，没有考虑对工作场所中第三方同事的影响（Mitchell et al.，2015）。许多员工没有亲身经历过辱虐管理，但他们可能亲眼看见或间接经历过（Harris et al.，2013）。Qiao 等（2021）把视角转向了领导和下属外的第三方员工，研究表明，辱虐管理这种不道德行为不仅会影响直接受害者，也会对第三方员工产生影响。同时，与直接受害者受到的损害不同，观察到同事受到领导的辱虐管理，第三方员工会感到幸灾乐祸，进而增加工作投入。

1.3 企业社会责任对利益相关者的影响

1.3.1 利益相关者的概念

1963 年，利益相关者的定义由美国斯坦福研究所提出，利益相关者是这样一些团队，没有其支持，组织就不可能生存。企业需要从利益相关者处获取生产运营所需的资源，并对利益相关者的合理诉求进行及时回应，平衡利益相关者相互冲突的需求（Huang et al.，2010）。利益相关者理论为企业社会责任划定了具体的范围（张洪波等，2007），企业社会责任可以看作“企业与利益相关者之间的关系”（Clarkson，1995），且让利益相关者参与到完善公司治理结构的过程中，形成利益相关各方共同治理的模式（赵建梅，2010）。利益相关者理论为企业社会责任构建了框架，企业社会责任的范围可以通过分析各利益相关方确定（Carroll，1991）。

企业社会责任被定义为考虑利益相关者的期望及经济、社会和环境绩效的三重底线的特定情景的企业实践和政策（Aguinis et al.，2012）。近些年，学者们倾向于将企业社会责任视为提高利益相关者福利的一套行为和政策（El-Akremi et al.，2018）。Barnett（2007）从利益相关者视角出发，认为企业社会责任指的是企业自愿分配有限的资源来提高社会福利，进而维系和改善与利益相关者之间的关系。Jones 等（2014）定义企业社会责任为公司解决不同利益相关者需求的战略手段。肖红军等（2022）认为企业社会责任是企业在特定制度环境与特定制度安排下的一种可持续实践。这不仅能促使企业在运营管理过程中面对利益相关方（如股东、供应商等）承担多重社会责任，而且能推动企业为多元利益相关方创造涵盖经济、社会与环境的共享价值。

企业社会责任涉及各种实践，企业参与社会责任表明企业自主采取行动支持和改善多个利益相关者的福利，关注多个利益相关者的具体需求，包括内部和外部利益相关者（Farooq et al.，2014），如员工、社会和自然环境。根据企业社会责任的目标和受益者，可以把企业社会责任分为外部企业社会责任和内部企业社会责任两个独立的类别。外部企业社会责任是指专注于造福当地社区、自然环境和消费者的企业实践；内部企业社会责任是指关注员工的身心健康，如内部沟通、医疗保健、职业培训以及平等就业。

企业社会责任的概念和类型如图 1－5 所示。

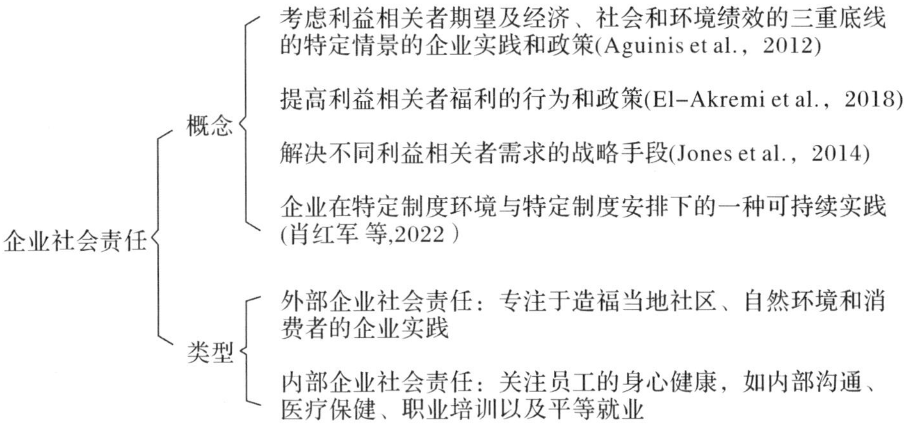

图 1-5　企业社会责任的概念和类型

1.3.2　企业社会责任与利益相关者的研究现状

企业社会责任与利益相关者的研究如图 1-6 所示。

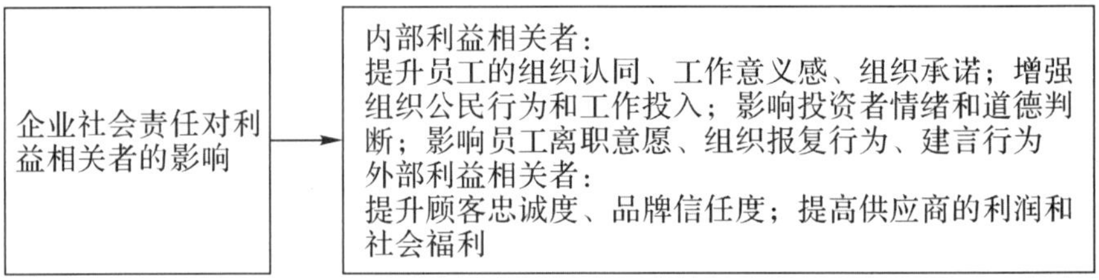

图 1-6　企业社会责任与利益相关者的研究

已有研究中，企业社会责任对内部利益相关者的影响主要集中于员工。Farooq 等人(2017)发现，感知到的内部企业社会责任提高了员工感知到的尊重，从而有助于员工的组织认同。员工感知的企业社会责任通过提升员工的情感承诺，进而正向影响员工的组织公民行为(刘远 等,2015)。谢玉华等(2020)研究发现，内外部企业社会责任都对员工的工作意义感有正向影响，内部企业社会责任对员工的工作意义感的影响更强。Farooq 等(2014)发现，针对外部利益相关者的企业社会责任行动有助于组织信任，针对内部利益相关者的企业社会责任行动增强了员工的组织认同，都积极影响组织承诺。

企业社会责任与外部利益相关者的研究成果较为丰富，这部分的研究主要集中于外部利益相关者对企业参与社会责任的影响，包括供应商、政府、媒体等。关于企业社会责任对外部利益相关者的影响研究较少，陈晓峰(2014)研究发现，企业社会责任显著提升了顾客忠诚度和品牌信任度，企业积极承担社会责任有利于构建起顾客对品牌的信任和忠诚。林志炳等(2021)发现，零售商实施企业社会责任提高了制造商的减排程度利润和社会福利，改善了政府对零售商利润的补贴效率。

1.3.3 论文研究内容概述

本书第 5 章的四篇论文探讨了企业社会责任对利益相关者——投资者和员工的影响。

1. 缓冲还是加剧？事前企业社会责任对企业社会责任缺失的影响研究(*Buffering or aggravating effect? Examining the effects of prior corporate social responsibility on corporate social irresponsibility*)

先前的企业社会责任为企业在利益相关者中带来了道德资本和声誉，然而，面对企业社会责任缺失行为的负面影响时，关于先前的企业社会责任的作用并没有一致的研究结论。根据目的性不同，企业社会责任缺失可以分为越轨型企业社会责任缺失和偶然型企业社会责任缺失(Coombs et al.,1996;Kim et al.,2018)。越轨型企业社会责任缺失是指企业有目的地实施不负责任的行为，是故意为之，而偶然型企业社会责任缺失是无意的和不可控的，公司不需要为此负责(Coombs et al.,1996;Devers et al.,2009;Lange et al.,2012)。越轨型企业社会责任缺失比偶然型企业社会责任缺失更有可能损害公司形象(Coombs et al. ,1996;Devers et al. ,2009)。面对两种不同类型的企业社会责任缺失,投资者对公司的主观看法、态度和评估都会有所不同(Devers et al. ,2009;Kim et al. ,2018),因为投资者的反应不仅受到企业社会责任缺失类型的影响,还依靠先前的企业社会责任信息(Coombs,2007;Godfrey et al. ,2009;Wei et al. ,2017)。根据认知失调理论,先前企业社会责任水平高的公司从事不同类型的社会责任缺失行为时,投资者对公司道德行为的认知会产生不同程度的冲突,进行不同的选择性信息处理,对这些公司做出不同的反应。具体来说,Zhang 等(2023)发现先前企业社会责任水平高的企业在发生越轨型企业社会责任缺失行为时,投资者会表现出更多的愤怒情绪和负面道德判断;当发生偶然型企业社会责任缺失行为时,表现出更少的愤怒和消极的道德判断。

2. 企业社会责任不是万能的:企业社会责任对厌恶和离职倾向的影响(*CSR is not a panacea:The influence of CSR on disgust and turnover intention*)

已有研究表明,员工感知到的企业社会责任对其工作结果有积极影响,如工作投入(Rupp et al. ,2018)、工作满意度(Zhao et al. ,2022)和工作意义(Aguinis et al. ,2019)。一方面,研究发现企业社会责任可以吸引和留住员工(Du et al. ,2015;Jones et al. ,2014;Ng et al. ,2019),然而,员工并不经常将企业社会责任视为留在企业的理由;另一方面,也有研究发现,企业社会责任与更高的员工离职意愿有关(Carnahan et al. ,2017)。例如,Scheidler 等(2019)认为,不一致的企业社会责任战略会导致员工产生离职意愿,因为员工可能会将企业社会责任视为对其道德认同的威胁。因此,Zhang 等(2022)深入研究企业社会责任何时增强员工离职意愿。根据厌恶评价理论,厌恶情绪是企业社会责任与员工离职意图之间的中介情感机制，个人特征和环境因素通过放大违反道德价值观的行为来影响员工对企业社会责任的厌恶程度，进而影响离职意愿。Zhang 等（2022）的研究表明，高度马基雅维利主义的员工认为企业社会责任违背了他们的道德价值观，引发员工的厌恶情绪和离职意图。同时，领导的底线心智也促使员工对企业社会责任做出负面评价，因为企业社会责任违背了他们的道德价值观。

3. 企业社会责任如何调节分配不公平与组织报复的关系：道义正义视角（*How corporate social responsibility moderates the relationship between distributive unfairness and organizational revenge: A deontic justice perspective*）

组织报复行为是指组织成员在感知到不公平时对组织实施的惩罚行为（Skarlicki et al.，1997）。当员工受到不公平的对待时，他们会产生不愉快的负面情绪状态，如愤怒（Weiss et al.，1996）。心怀不满的员工可能会采取报复行为，试图减少他们在工作中的负面情绪，恢复公平（Lee，2022；Penney et al.，2005）。根据道义公平理论，个体不仅关心自己如何被企业对待，也关注他人如何被对待。内部企业社会责任活动能够使员工感知到互动正义和程序正义（De Roeck et al.，2014），高水平的内部企业社会责任活动可以弥补员工感知到的分配不公，缓解负面情绪，从而缓解组织报复行为。另外，由于外部企业社会责任活动通常会触发第三方的正义感知（De Roeck et al.，2014；Rupp et al.，2013），这会与分配不公产生冲突，并引发伪善认知，增强分配不公对组织报复行为的影响。

4. 企业社会责任的回声：企业社会责任如何以及何时影响员工的促进性和抑制性建言？(*Echoes of corporate social responsibility: How and when does CSR influence employees' promotive and prohibitive voices?*)

已有的研究表明，企业社会责任促进了员工积极的工作态度和行为，如组织承诺（Brammer et al.，2007；Collier et al.，2007；Turker，2009；Farooq et al.，2014）、组织认同（Glavas et al.，2013；De Roeck et al.，2016；Farooq et al.，2017）和组织公民行为（Hansen et al.，2011；Rupp et al.，2013），然而，还未有研究关注企业社会责任对员工建言的影响。Wang 等（2020）认为，当员工认为所在公司从事社会责任行为时，他们会觉得建言行为是有效且低风险的，这会促使员工进行促进性和抑制性建言。根据道德氛围理论，Wang 等（2020）认为企业社会责任通过影响两种类型的道德氛围（以他人为中心和以自我为中心），进而影响员工的促进性和抑制性建言，其中，以他人为中心的氛围指在做出道德决策时优先考虑他人（包括组织成员和整个社会）的利益和福祉，以自我为中心的氛围指决策时优先考虑自我利益的最大化（Arnaud，2010；Arnaud et al.，2012）。谦逊的领导者更关注员工的福祉和社会福利，而不是他们自己的利益（Morris et al.，2005；Owens et al.，2012；Ou et al.，2014），这也帮助企业社会责任塑造了道德氛围，因此，谦逊型领导调节了企业社会责任和道德氛围之间的关系。

参考文献

车笑竹，苏勇，2018. 企业违规对社会责任报告及其价值效应的影响[J]. 经济管理(10)：58－74.

陈晓峰，2014. 企业社会责任与顾客忠诚度关系的实证分析：基于牛乳制品消费者的视角[J]. 科研管理(1):98－106.
戴亦一,余威,宁博,等,2017. 民营企业董事长的党员身份与公司财务违规[J]. 会计研究(6):75－81.
杜兴强,赖少娟,杜颖洁,2013."发审委"联系、潜规则与IPO市场的资源配置效率[J]. 金融研究(3):143－156.
贾明,姚晨雨,张喆,2020. 路演中董事长面部表情与IPO后公司业绩变脸[J]. 管理工程学报(3):55－64.
李明,郑艳秋,2018. 盈余管理、媒体负面报道与公司上市后业绩变脸:基于我国创业板上市公司的经验证据[J]. 管理评论(12):212－225.
李晓慧,王彩,孙龙渊,2022. 中注协约谈监管对抑制公司违规的"补台"与"合奏"效应研究[J]. 会计研究(3):159－173.
林志炳,鲍蕾,2021. 企业社会责任对供应链减排决策及政府补贴效率的影响研究[J]. 中国管理科学(11):111－121.
刘丽华,徐艳萍,饶品贵,等,2019. 一损俱损:违规事件在企业集团内的传染效应研究[J]. 金融研究(6):113－131.
刘远,周祖城,2015. 员工感知的企业社会责任、情感承诺与组织公民行为的关系:承诺型人力资源实践的跨层调节作用[J]. 管理评论(10):118－127.
逯东,万丽梅,杨丹,2015. 创业板公司上市后为何业绩变脸? [J]. 经济研究(2):132－144.
毛江华,廖建桥,刘文兴,等,2014. 辱虐管理从何而来? 来自期望理论的解释[J]. 南开管理评论,17(5):4－12.
王菁华,2021. 彩票文化能够影响企业财务违规行为吗?:来自地区彩票消费的证据[J]. 审计与经济研究(6):70－80.
肖红军,阳镇,凌鸿程,2022. 企业社会责任具有绿色创新效应吗[J]. 经济学动态(8):117－132.

谢玉华,刘晶晶,谢华青,2020.内外部企业社会责任对员工工作意义感的影响机制和差异效应研究[J].管理学报(9):1336-1346.

徐晗叶,徐莉萍,彭江平,等,2020."对症下药"还是"避重就轻":环境违规企业补救行为研究[J].南方经济(9):107-126.

余峰燕,梁琪,2017.地方关系承销与市场定价有效性研究:基于承销商独立性视角[J].金融研究(5):143-159.

袁靖波,周志民,周南,2021.产品市场竞争、市场分割与企业违规行为[J].管理工程学报(4):81-92.

张洪波,李健,2007.企业社会责任与利益相关者理论:基于整合视角的研究[J].科学学与科学技术管理,28(3):146-150.

赵建梅,2010.利益相关者理论与企业社会责任研究:一种理论研究路径的分析与评价[J].科技进步与对策,27(24):12-15.

AGUINIS H,GLAVAS A,2012. What we know and don't know about corporate social responsibility:A review and research agenda [J]. Journal of Management,38(4):932-968.

AGUINIS H,GLAVAS A,2019. On corporate social responsibility, sensemaking,and the search for meaningfulness through work[J]. Journal of Management,45(3):1057-1086.

ARNAUD A, 2010. Conceptualizing and measuring ethical work climate:Development and validation of the ethical climate index [J]. Business & Society,49(2):345-358.

ARNAUD A,SCHMINKE M,2012. The ethical climate and context of organizations:A comprehensive model[J]. Organization Science, 23(6):1767-1780.

BARNETT M L, 2007. Stakeholder influence capacity and the variability of financial returns to corporate social responsibility[J].

Academy of Management Review, 32(3): 794 – 816.

BIANCHI E C, MOHLIVER A, 2016. Do good times breed cheats? Prosperous times have immediate and lasting implications for CEO misconduct[J]. Organization Science, 27(6): 1488 – 1503.

BRAMMER S, MILLINGTON A, RAYTON B, 2007. The contribution of corporate social responsibility to organizational commitment[J]. The International Journal of Human Resource Management, 18(10): 1701 – 1719.

CARNAHAN S, KRYSCYNSKI D, OLSON D, 2017. When does corporate social responsibility reduce employee turnover? Evidence from attorneys before and after 9/11[J]. Academy of Management Journal, 60(5): 1932 – 1962.

CARROLL A B, 1991. The pyramid of corporate social responsibility: Toward the moral management of organizational stakeholders[J]. Elsevier, 34(4): 39 – 48.

CHEN J, DONG W, TONG Y X, et al, 2020. Corporate philanthropy and corporate misconduct: Evidence from China[J]. International Review of Economics and Finance, 65: 17 – 31.

CLARKSON M B E, 1995. A stakeholder framework for analyzing and evaluating corporate social performance[J]. Academy of Management Review, 20(1): 92 – 117.

COLLIER J, ESTEBAN R, 2007. Corporate social responsibility and employee commitment[J]. Business Ethics: A European Review, 16 (1): 19 – 33.

COOMBS W T, 2007. Protecting organization reputations during a crisis: The development and application of situational crisis communication theory[J]. Corporate Reputation Review, 10(3): 163 - 176.

COOMBS W T, HOLLADAY S J, 1996. Communication and attributions in a crisis: An experimental study in crisis communication[J]. Journal of Public Relations Research, 8(4): 279 - 295.

DABOUB A J, RASHEED A M, PRIEM R L, et al, 1995. Top management team characteristics and corporate illegal activity[J]. Academy of Management review, 20(1): 138 - 170.

DE HOOGH A H, DEN HARTOG D N, BELSCHAK F D, 2021. Showing one's true colors: Leader Machiavellianism, rules and instrumental climate, and abusive supervision [J]. Journal of Organizational Behavior, 42(7): 851 - 866.

DE ROECK K, EL-AKREMI A, SWAEN V, 2016. Consistency matters! How and when does corporate social responsibility affect employees' organizational identification? [J]. Journal of Management Studies, 53(7): 1141 - 1168.

DE ROECK K, MARIQUE G, STINGLHAMBER F, et al, 2014. Understanding employees' responses to corporate social responsibility: Mediating roles of overall justice and organisational identification[J]. The International Journal of Human Resource Management, 25(1): 91 - 112.

DENG W, JIA M, ZHANG Z, 2022. How corporate social responsibility moderates the relationship between distributive unfairness and organizational revenge: A deontic justice perspective [J]. Chinese Management Studies.

DEVERS C E, DEWETT T, MISHINA Y, et al, 2009. A general

theory of organizational stigma[J]. Organization Science, 20(1): 154-171.

DU S, BHATTACHARYA C B, SEN S, 2015. Corporate social responsibility, multi-faceted job-products, and employee outcomes [J]. Journal of Business Ethics, 131(2): 319-335.

EISSA G, LESTER S W, 2017. Supervisor role overload and frustration as antecedents of abusive supervision: The moderating role of supervisor personality [J]. Journal of Organizational Behavior, 38(3): 307-326.

EL-AKREMI A, GOND J P, SWAEN V, et al, 2018. How do employees perceive corporate responsibility? Development and validation of a multidimensional corporate stakeholder responsibility scale[J]. Journal of Management, 44(2): 619-657.

FAROOQ O, PAYAUD M, MERUNKA D, et al, 2014. The impact of corporate social responsibility on organizational commitment: Exploring multiple mediation mechanisms[J]. Journal of Business Ethics, 125(4): 563-580.

FAROOQ O, RUPP D E, FAROOQ M, 2017. The multiple pathways through which internal and external corporate social responsibility influence organizational identification and multifoci outcomes: The moderating role of cultural and social orientations[J]. Academy of Management Journal, 60(3): 954-985.

FERRIS G R, DAVIDSON S L, PERREWE P L, 2010. Political skill at work: Impact on work effectiveness[M]. Boston: Nicholas Brealey.

GLAVAS A, GODWIN L N, 2013. Is the perception of "goodness" good enough? Exploring the relationship between perceived corporate social responsibility and employee organizational identification[J]. Journal of Business Ethics,114(1):15 - 27.

GODFREY P C, MERRILL C B, HANSEN J M, 2009. The relationship between corporate social responsibility and shareholder value: An empirical test of the risk management hypothesis[J]. Strategic Management Journal,30(4):425 - 445.

GONG M,ZHANG Z,JIA M,2020. Face tells the truth: How male entrepreneur's facial masculinity predicts new venture corporate illegality[J]. IEEE Transactions on Engineering Management,69(5):2337 - 2348.

GRANDEY A A,KERN J H,FRONE M R,2007. Verbal abuse from outsiders versus insiders: Comparing frequency, impact on emotional exhaustion,and the role of emotional labor[J]. Journal of Occupational Health Psychology,12(1):63 - 79.

GUPTA V K,MORTAL S,CHAKRABARTY B,et al,2020. CFO gender and financial statement irregularities[J]. Academy of Management Journal,63(3):802 - 831.

HANSEN S D,DUNFORD B B,BOSS A D,et al,2011. Corporate social responsibility and the benefits of employee trust: A cross-disciplinary perspective[J]. Journal of Business Ethics,102(1):29 - 45.

HARRELL-COOK G, FERRIS G R, DULEBOHN J H, 1999. Political behaviors as moderators of the perceptions of organizational politics-work outcomes relationships[J]. Journal of Organizational Behavior,20(7):1093 - 1105.

HARRIS K J, HARVEY P, HARRIS R B, et al, 2013. An investigation of abusive supervision,vicarious abusive supervision, and their joint impacts[J]. The Journal of Social Psychology, 153 (1): 38 - 50.

HUANG C L, KUNG F H, 2010. Drivers of environmental disclosure and stakeholder expectation: Evidence from Taiwan[J]. Journal of Business Ethics, 96: 435 - 451.

JIANG H, CANNELLA A A, JIAO J, 2018. Does desperation breed deceiver? A behavioral model of new venture opportunism[J]. Entrepreneurship Theory and Practice, 42(5): 769 - 796.

JONES D A, WILLNESS C R, MADEY S, 2014. Why are job seekers attracted by corporate social performance? Experimental and field tests of three signal-based mechanisms [J]. Academy of Management Journal, 57(2): 383 - 404.

KERNAN M C, WATSON S, CHEN F, et al, 2011. How cultural values affect the impact of abusive supervision on worker attitudes [J]. Cross Cultural Management: An International Journal, 18(4): 464 - 484.

KIEWITZ C, RESTUBOG S L D, ZAGENCZYK T J, et al, 2012. Sins of the parents: Self-control as a buffer between supervisors' previous experience of family undermining and subordinates' perceptions of abusive supervision[J]. The Leadership Quarterly, 23(5): 869 - 882.

KIM S, CHOI S M, 2018. Congruence effects in post-crisis CSR communication: The mediating role of attribution of corporate motives[J]. Journal of Business Ethics, 153(2): 447 - 463.

KLAUSSNER S, 2014. Engulfed in the abyss: The emergence of abusive supervision as an escalating process of supervisorsubordinate interaction[J]. Human Relations,67(3):311 - 332.

LANGE D, WASHBURN N, 2012. Understanding attributions of corporate social irresponsibility [J]. Academy of Management Review,37:300 - 326.

LEE Y, 2022. Employees' negative megaphoning in response to organizational injustice: The mediating role of employee-organization relationship and negative affect [J]. Journal of Business Ethics,178(1):89 - 103.

LI Y, WANG Z, YANG L Q, et al, 2016. The crossover of psychological distress from leaders to subordinates in teams: The role of abusive supervision, psychological capital, and team performance[J]. Journal of Occupational Health Psychology, 21(2):142.

LIU D,LIAO H,LOI R,2012. The dark side of leadership:A three-level investigation of the cascading effect of abusive supervision on employee creativity[J]. Academy of Management Journal,55(5):1187 - 1212.

MARTINKO M J,HARVEY P,BREES J R,et al,2013. A review of abusive supervision research [J]. Journal of Organizational Behavior,34(S1):S120 - S137.

MAWRITZ M B,DUST S B,RESICK C J,2014. Hostile climate, abusive supervision,and employee coping:Does conscientiousness matter? [J]. Journal of Applied Psychology,99(4):737 - 747.

MCALLISTER C P,MACKEY J D,PERREWÉ P L,2018. The role of self-regulation in the relationship between abusive supervision and job tension[J]. Journal of Organizational Behavior,39(4):416 - 428.

MISHINA Y, DYKES B J, BLOCK E S, et al, 2010. Why "good" firms do bad things: The effects of high aspirations, high expectations, and prominence on the incidence of corporate illegality[J]. Academy of Management Journal, 53(4): 701 - 722.

MITCHELL M S, VOGEL R M, FOLGER R, 2015. Third parties' reactions to the abusive supervision of coworkers[J]. Journal of Applied Psychology, 100(4): 1040 - 1055.

MORRIS J A, BROTHERIDGE C M, URBANSKI J C, 2005. Bringing humility to leadership: Antecedents and consequences of leader humility[J]. Human Relations, 58(10): 1323 - 1350.

NG T W H, YAM K C, AGUINIS H, 2019. Employee perceptions of corporate social responsibility: Effects on pride, embeddedness, and turnover[J]. Personnel Psychology, 72(1): 107 - 137.

OU A Y, TSUI A S, KINICKI A J, et al, 2014. Humble chief executive officers' connections to top management team integration and middle managers' responses[J]. Administrative Science Quarterly, 59(1): 34 - 72.

OWENS B P, HEKMAN D R, 2012. Modeling how to grow: An inductive examination of humble leader behaviors, contingencies, and outcomes [J]. Academy of Management Journal, 55(4): 787 - 818.

PENG A C, SCHAUBROECK J M, LI Y, 2014. Social exchange implications of own and coworkers' experiences of supervisory abuse[J]. Academy of Management Journal, 57(5): 1385 - 1405.

PENNEY L M, SPECTOR P E, 2005. Job stress, incivility, and counterproductive work behavior (CWB): The moderating role of negative affectivity[J]. Journal of Organizational Behavior, 26(7):

777－796.

QIAO Y Q,ZHANG Z,JIA M,2021. Their pain,our pleasure:How and when peer abusive supervision leads to third parties' schadenfreude and work engagement [J]. Journal of Business Ethics,169:695－711.

RUPP D E,SHAO R,SKARLICKI D P,et al,2018. Corporate social responsibility and employee engagement:The moderating role of CSR-specific relative autonomy and individualism[J]. Journal of Organizational Behavior,39(5):559－579.

RUPP D E,SHAO R,THORNTON M A,et al,2013. Applicants' and employees' reactions to corporate social responsibility:The moderating effects of first-party justice perceptions and moral identity[J]. Personnel Psychology,66(4):895－933.

SCHEIDLER S,EDINGER-SCHONS L,SPANJOL J,et al,2019. Scrooge posing as Mother Teresa:How hypocritical social responsibility strategies hurt employees and firms[J]. Journal of Business Ethics,157(2):339－358.

SKARLICKI D P,FOLGER R,1997. Retaliation in the workplace:The roles of distributive,procedural,and interactional justice[J]. Journal of applied Psychology,82(3):434－443.

TEPPER B J,2000. Consequences of abusive supervision [J]. Academy of Management Journal,43(2):178－190.

TEPPER B J,2007. Abusive supervision in work organizations:Review, synthesis, and research agenda [J]. Journal of Management,33(3):261－289.

TURKER D,2009. How corporate social responsibility influences organizational commitment[J]. Journal of Business Ethics, 89(2): 189 - 204.

WANG J, ZHANG Z, JIA M, 2020. Echoes of corporate social responsibility: How and when does CSR influence employees' promotive and prohibitive voices? [J]. Journal of Business Ethics, 167:253 - 269.

WEI J, OUYANG Z, CHEN H A, 2017. Well known or well liked? The effects of corporate reputation on firm value at the onset of a corporate crisis[J]. Strategic Management Journal, 38(10):2103 - 2120.

WEISS H M, CROPANZANO R, 1996. Affective events theory[J]. Research in Organizational Behavior, 18(1):1 - 74.

ZHANG Z, GONG G J, ZHANG S S, et al, 2023. Buffering or aggravating effect? Examining the effects of prior corporate social responsibility on corporate social irresponsibility[J]. Journal of Business Ethics, 183(1):147 - 163.

ZHANG Z, HU Y T, WANG J, 2022. CSR is not a panacea: The influence of CSR on disgust and turnover intention[J]. Journal of Vocational Behavior, 140:103821.

ZHAO X, WU C, CHEN C C, et al, 2022. The influence of corporate social responsibility on incumbent employees: A meta-analytic investigation of the mediating and moderating mechanisms[J]. Journal of Management, 48(1):114 - 146.

第2章

实验研究方法简介

2.1 实验研究方法的概念

2.1.1 什么是实验研究方法

实验研究方法是对物理学研究方法的借用，原来是在自然科学领域中广泛采用的一种研究方法，后来逐渐推广到社会科学领域内。它是从现实世界中，提炼前提，用实验方法研究变量间关系、特别因果关系的研究方式，也是管理科学研究的主流研究方式之一。实验就是根据研究目的，运用一定的手段，主动干预或控制研究对象，在典型的环境中或特定的条件下进行的一种探索活动。

2.1.2 实验研究方法的具体操作

实验法作为一种特定的研究方法，一般都会涉及实验组与控制组、自变量与因变量、前测与后测等概念。其中，实验组是接受实验处理的一组样本，它是检验在人为控制或干预条件下直接获得实验结果的重要样本；控制组是不给予实验处理的一组样本，它的作用是显示不接受实验处理的效果，控制组的各方面条件都应该与实验组基本相同，通过对照和比较实验组与控制组两组样本的实验结果，得出实验结论。自变量和因变量是实验设计中的两种变量，自变量是决定行为或心理变化的刺激变量，因变量是由于自变量变化而发生相应改变的反应变量，实验目的就是考察自变量与因变量的关系。前测和后测是实验设计中的两种评估手段，前测实施在实验处理之前，后测实施在实验处理之后，通过对因变量进行前测与后测两次测验结果的比较，分析因变量在给予实验处理所发生的变化，研究自变量对因变量所造成的影响(周为民，2013)。

2.1.3 常见的实验研究方法

常见的实验研究方法有情景实验、FaceReader、眼动仪实验。本章节接下来对这三种方法依次进行介绍。

2.2 情景实验

2.2.1 情景实验的概念

情景实验是通过对一种情景的模拟，在此种情景中进行按照实验方案设计的实验，通过对实验结果的分析得出所需结论。它是在实验过程中，有目的地控制一定的条件或创设一定的情景，以引起被试的某些心理活动进行研究的一种实验方法。情景实验目前是心理学研究最常用、效果最好、最具说服力、方法体系最完善的方法。情景实验，又被翻译为"实验法"，这是在日常生活等自然条件下或实验室条件下，有目的、有计划地创设和控制一定的条件来进行研究的一种方法。因为该种实验方式受主观因素影响较大，但根据心理学相关学科特点又是最有效直接的实验方式，所以，直至目前，相关学者研究组织都在根据具体研究方向不断地优化、改进情景实验，并积极寻找增强情景实验效度的方式。

2.2.2 情景实验的优缺点

情景实验的优点一共有三点：第一，这种方式可以避免现场实验带来的操作困难和较高的成本问题。第二，学者们可以通过不同的情景描述实现对拟研究变量的灵活控制与操纵，同时还能在一定程度上控制在现实环境中无法管理的变量。第三，由于场景描述是可控的，所以学者们可以在场景中通过描述将受试者代入某种特殊情景以缩短实验时间，因为在现实生活中完整经历这种特殊情景可能需要耗费几天甚至几周的时间，进一步地，也避免了因受试者记忆缺失或无法确切回忆起当时感受而带来的反应偏差（王晓娣，2022）。

情景实验有以下缺点：第一，时间较长。进行一次情景模拟的设计工作一般在一个月以上，在正式开始之前需要对相关人员进行培训。第二，费用比较高，对于参与者需要给予经济支持，并且一些测试设备成本较高。第三，需要专家指导，一般局限于高层次的管理人员或特殊的专门人员，否则，它的信度、效度会下降。

2.3 FaceReader

2.3.1 FaceReader 的概念

FaceReader 全名面部表情分析系统，是用于自动分析面部表情的专业软件，能够准确、可靠地识别面部表情。面部表情分析系统能够自动分析面部表情，清楚地反映出不同刺激对情绪的影响，且可以与眼动、生理等数据进行快速整合。许多研究人员已转向使用面部表情分析系统来更好地提供客观的情绪评估，用于从消费者和心理学研究到可用性研究。

FaceReader 可以识别六个基本情绪，即快乐、悲伤、愤怒、惊讶、害怕和恶心，也可以识别“中立”状态并识别“蔑视”表情。除此之外，系统还可以提供情感态度分析（感兴趣、困惑和无聊等）、心率、视线方向、效价和唤醒度、个人特征（如性别、年龄）等（Lewinski et al.，2014）。FaceReder 软件集成了三个功能模块：面部查找、面部建模与面部分类。

（1）面部查找。在面部查找模块中，FaceReader 使用主动匹配模板（active template method，ATM）的方法来快速准确地识别面部的位置。使用 ATM 方法时，可以将一个变形的面部模板置于图像之上，得到最可能的面部位置。同时，这种方法可以识别多个面部的位置。

（2）面部建模。在面部建模模块中，FaceReader 使用活动外观模型（active appearance model，AAM）的方法来合成人工面部模型。这个模型包括关键点的位置、较低维度的面部材质的关键信息。AAM 算法使用一系列的注释图像来计算面部图像的主要变异源，并使用主成分分析法来降低模型的维度。AAM 方法可以紧凑地对个人面部以及由姿势、朝向、光线和面部表情所带来的变异进行建模。AAM 方法属于形变特征提取中基于模型的方法，采用形状变化对面部表情进行建模。

（3）面部分类。在面部分类模块中，FaceReader 使用人工神经网络算法，可以对面部图片进行分类。在有足够多的训练数据的情况下，FaceReader 可以训练网络对任何面部特征进行分类。FaceReader 系统的优点在于其稳定性与准确性，无论在什么样姿势、朝向光线或面部表情下，均可得到稳定准确的自动面部分类。

2.3.2 FaceReader 的优缺点

FaceReader 的优点有：用 FaceReader 软件进行相关应用研究，能够在节省大量人力成本的同时，产生更统一客观的评价标准。例如，在实验过程中，研究者有可能保留自己的真实想法，对所认知的事情有所保留，但使用 FaceReader 可以很好地记录他们的瞬间表情。因此，通过 FaceReader 的识别，我们可以获取更精准的被试的想法（施聪莺 等，2018）。

FaceReader 的缺点有：对于识别表情指标在某些表情成分上依然存在易混淆、敏感程度不高的问题，可能与表情分析软件的算法有关（杨超，2015）。同时，其准确率不能够达到百分之百。

2.4 眼动仪实验

2.4.1 眼动仪实验的概念

眼动仪实验的原理主要是热门的视线追踪技术，主要是基于眼睛视频分析（VOG）的“非侵入式”技术，即用摄像机将眼睛运动录下来再通过图像分析判断视线落点，且传感器与用户没有直接接触。眼动仪可以在虚拟场景中还原真实的场景和环境，同时精确记录实验者的眼球在虚拟场景中的运动轨迹，极大提高研究的执行效率，降低研究成本。眼动仪的结构一般包括四个系统，即光学系统、瞳孔中心坐标提取系统、视景与瞳孔坐标叠加系统和图像与数据的记录分析系统。眼动有三种基本方式：注视、眼跳和追随运动。眼动可以反映视觉信息的选择模式，对于揭示认知加工的心理机制具有重要意义。从研究报告看，利用眼动仪进行心理学研究常用的资料或参数主要包括：注视点轨迹图，眼动时间，眼跳方向的平均速度、时间和距离，瞳孔大小和眨眼。眼动的时空特征是视觉信息提取过程中的生理和行为表现，它与人的心理活动有着直接或间接的关系，这也是许多心理学家致力于眼动研究的原因所在。

从使用场景角度来看，眼动仪包括屏幕式眼动仪、穿戴式眼动仪两种。屏幕式眼动仪记录被试者眼球运动情况时，与被试者之间存在一定距离。屏幕式眼动仪利用监控系统，能够观察到眼球受到刺激时的运动情况。穿戴式眼动仪则借助于眼动追踪系统、场景摄像机，通过将其集成于轻量化框架上，对真实环境中的眼动行为进行采集。其中，眼镜、头盔等，均属于轻量化框架。由于在测试过程中被试者能够自由移动，所以试验的生态效度能够得到保证，不仅如此，被试者携带穿戴式眼动仪时，其所看到的场景能够被记录下来。从原理角度来看，电流记录法眼动仪、电磁感应法眼动仪、图像/录像眼动仪和瞳孔-角膜反射眼动仪均属于现代眼动仪范畴。其中，屏幕式眼动仪、穿戴式眼动仪实现技术均与瞳孔-角膜反射技术有关。现阶段，瞳孔-角膜反射技术已经成为眼动仪的主流技术（刘心宇，2022）。

2.4.2　眼动仪实验的优缺点

眼动仪实验的优点：设备简单、实验数据直观，能够高效地挖掘用户的无意识行为，并获得更直观的实验数据，适合于视觉界面相关的评估实验。通过眼动技术揭示在不同类目下，用户在浏览过程中对信息的核心关注点以及浏览轨迹，从而作为用户行为数据以支持研究结果，进而提出优化建议。

眼动仪实验的局限：由于眼动仪一般应用于大型或重点项目的用户研究，它无法帮助研究人员直接了解用户动机，进行信息处理或信息理解，因此，我们建议它与其他验证或互补的研究方法结合使用,如可用性测试,或配合其他用户研究方法(观察法、访谈法、期望值测试、有声思维方法)使用。

参考文献

刘心宇,2022."眼动仪"在教育研究中的应用探索[J].中关村,231(8):124-125.

施聪莺,李晶,2018. FaceReader 7.0 对国内常见表情图片库识别的有效性研究[J].心理技术与应用,6(2):100-108.

王晓娣,2022. AI 面试官设计特征对互动公平感知的影响研究[D].大连:大连理工大学.

杨超,2015.表情分析技术在可用性评估中的应用研究:以 FaceReader 软件为例[D].杭州:浙江理工大学.

周为民,2013.我国钢琴演奏心理学研究中基于实验方法的思考[J].中国音乐,132(4):133-136.

LEWINSKI P,DEN U T M,BUTLER C,2014. Automated facial coding: Validation of basic emotions and FACS AUs in FaceReader[J]. Journal of Neuroscience Psychology and Economics,7(4):227-236.

第3章

企业违规的实验研究

3.1 IPO后公司业绩变脸的实验研究

文章题目：

路演中董事长面部表情与IPO后公司业绩变脸。

文章作者：

贾明(西北工业大学)；姚晨雨(西北工业大学)；张喆(西安交通大学)。

文章来源：

管理工程学报，2020，34(3)：55－64.

DOI：10.13587/j.cnki.jieem.2020.03.006.

文章概要：

投资者是否可以利用“软”信息来识别公司的真实价值？社会心理学理论认为人在提供虚假信息(如撒谎)的时候会流露出负面情绪，进而反映到面部表情上。本研究以2009—2014年在创业板上市的公司为样本，分析公司上市后的业绩变脸幅度与其董事长在IPO路演讲话时的负面情绪水平之间的关系。为了提高结论的可靠性，本研究首先基于实验室实验方法设计欺骗行为实验，检验了 FaceReader 软件测量面部表情给出的负面情绪值与欺骗行为之间的相关性。研究指出，可以利用董事长在 IPO 路演讲话的面部表情来识别公司的真实价值，该结论为保护投资者利益提供了一条新的途径。

3.1.1 实验研究背景

自我国创业板开设以来，不断出现公司上市之后业绩大幅下滑而发生变脸的现象，导致投资者损失惨重。那么，投资者如何识别 IPO 公司，如在创业板上市的公司的真实价值？这也是学术界一直关心的热点问题。

在资本市场上，投资者对公司价值的判断多是基于公司对外披露的信息。而公司为了获取投资者信任，往往会进行盈余管理或者粉饰报表，避免对外披露不利信息，而影响投资者对公司发展的信心。由于我国企业普遍存在股权融资偏好，因此，在新股发行前，公司为了使股票更具吸引力，有强烈的动机进行盈余管理、美化财务报表，以取得更高的发行溢价和降低融资费用。

显然，从投资者角度而言，仅仅根据公司所披露的“硬”信息无法准确判断公司价值。那么，是否可以通过“软”信息来识别公司的真实价值，如推断公司有没有通过粉饰财务报表、对外虚报业绩来获取投资者的信任，从而有效地预测 IPO 后发生业绩变脸的可能性，以提高投资者对上市公司的甄别能力。这正是研究关注的问题。

社会心理学的研究表明，说谎者往往会表现出消极的情绪而且会更加紧张，而说谎者的这种消极情绪可以通过声音和面部表情反映出来。围绕这些“软”信息的会计信息价值，已有研究分析了 CEO 在公司发布会(如电话会议、路演)上讲话的声音与公司 IPO 价格、未来利润、财务重述和股价等之间的关系。除此之外，公司高管在陈述公司情况时所流露出来的面部表情以及通过面部表情来推断其说话时的情绪应该也蕴含着重要的会计信息价值。本研究则延续这一思路并创造性地将面部表情这一“软”信息纳入进来，通过运用 FaceReader 软件定量分析拟在创业板上市的公司的董事长路演讲话时的表情，得到董事长情绪的量化值，并基于此推断董事长是否提供了虚假信息，以此预测 IPO 后公司业绩发生变脸的程度。

3.1.2　实验研究假设

公司为了保证 IPO 的成功，并且能够在首次发行中募集到更多的资金，就有动机在 IPO 之前进行盈余管理、粉饰财务报表，以获取投资者的信任。社会心理学研究认为，当人的行为与对自身的认知不一致时，例如，当个体对外提供虚假信息时就会由于采取了欺骗行为与对自身行为诚实的要求产生不一致，而出现认知失调，从而表现出负面的情绪，如紧张、焦虑等。在 IPO 路演过程中，如果董事长所陈述的有关公司的信息与实际情况不符，那么这种欺骗行为就会引发董事长所感受到的认知失调，影响董事长的情绪，从而反映到其面部表情上。并且，当董事长所陈述的信息与公司真实情况的差距越大时，其感受到的认知失调程度自然也就越高，从而也会呈现出更强的负面情绪。当董事长在路演中提供信息时的负面情绪越严重，那么，其所提供的信息真实性也就越差，或者说采取欺骗行为的程度越高。然而，公司的真实价值和业绩也将会在 IPO 后显现出来。IPO 后公司业绩的下滑说明公司在上市前提供的“硬”信息，如董事长在 IPO 路演中所做的陈述，与公司的实际情况不符。据此提出本研究假设：

H1：董事长在 IPO 路演讲话时的面部表情所反映出的负面情绪水平越高，公司 IPO 后业绩变脸程度越大。

3.1.3 实验研究方法

首先设计实验检验，本研究通过运用 FaceReader 软件测量得到实验被试的负面情绪水平及基于此推断其是否采取欺骗行为的有效性；随后通过分析在创业板上市的公司路演时的董事长讲话视频获得董事长情绪水平，进行实证检验。

1. 研究 1（实验室实验——FaceReader）

1）被试选择

实验在西北工业大学社会科学实验研究中心进行，并通过网站招募了 24 位受试者。

2）实验设计

实验中有两种角色，分别是信息提供者（角色 A）和决策者（角色 B），每一组由一位信息提供者（角色 A）和一位决策者（角色 B）组成。信息提供者会首先得到一个数字 s（整数），介于 1 到 6 之间。之后由信息提供者 A 告诉决策者 B 他得到的数字是多少，A 将给 B 发送这样一条信息："这个数字是 r"（r 为介于 1 到 6 之间的一个整数）。角色 B 收到 A 提供给他的信息之后，需要判断 A 提供给他的信息是不是真实的，需要选择相信或不相信 A。

角色 A 的收益取决于他提供给 B 的信息，并且与 B 的收益无关，其中角色 A 的收益等于 $2r$。显然，A 报 r 等于 6 可以最大化收益，而由于数字是随机出现的，从统计意义上来看，A 在近 80％的情况下有说谎的动力。角色 B 的收益取决于 B 有没有相信 A，并且如果 B 相信了 A，还取决于 A 提供给 B 的信息是否真实。

在这个实验设计中，给了角色 A 说谎的机会，角色 A 可能由于利益的驱动而提供给 B 不真实的信息。如果 A 仅仅关注于自己的收益,无论他得到的数字是多少,他将会一直告诉 B 这个数字是 6,这样他就能得到 12 的收益。并且,如果 A 得到的数字 s 越小,A 由于说谎而增加的收益就越多。实验目的是测量 A 说谎后的情绪,因此角色 A 是我们关注的目标。我们设定当角色 A 看到数字 s 到向 B 报告数字 r 这段时间为角色 A 的情绪测量区间,时间总长度为 30 秒。实验在 Z-tree 平台上实施。

3)实验程序

第一步:实验介绍。

在实验介绍环节,我们首先告知被试者在实验过程中会进行录像,并在实验开始前询问是否有人要离开实验室,以充分保证实验参与者的自愿性和受试者的知情权。本次试验中,没有受试者提出离开实验室。随后,实验指导老师对实验要测试的内容和实验报酬进行了说明。并让每位受试者做了四道测试问题,以保证他们对实验设计理解准确。

第二步:预实验。

正式实验开始前,受试者需要先填写个人基本信息(性别、年龄、年级),并进行两轮预实验,第一轮预实验中所有受试者均为角色 A,第二轮预实验中所有受试者均为角色 B。预实验的目的是让受试者熟悉实验操作界面。

第三步:分配角色。

由于实验的目的不是观测两人动态博弈的结果,因此,我们并没有进行真实的配对,而用计算机虚拟每种角色的配对角色。例如,分配给实验对象 1 的角色是 A,那么实验程序就虚拟一个角色 B 与之配对。这样做的好处是可以最大限度控制由于角色 B 的决策选择而可能对角色 A 情绪的影响。

第四步：正式实验。

正式实验进行 24 轮，每一轮开始时首先随机分配角色，角色 A 得到数字后，告诉 B 这个数字是多少，再由 B 做决策，最后将 A、B 两人当轮的收益进行反馈。实验过程中，每个受试者都严格隔开、匿名决策，保证相互之间不干扰。实验大约持续了 30 分钟，所有受试者在实验结束之后均当场收到了他们的实验报酬，平均为 29.04 元。

4）变量定义

（1）因变量。

有无说谎（C）：角色 A 在给角色 B 提供信息的过程中有没有说谎，即角色 A 给 B 提供的信息是否真实。若信息真实，即 A 没有说谎，则定义 $C=0$；若信息不真实，则 A 说谎，定义 $C=1$。

（2）自变量。

负面情绪（N）：角色 A 在情绪测量区间内表现出的情绪水平。为此，本研究设计了三种衡量方式，并且与随后的实证分析中消极情绪变量的衡量方式保持一致。

N_1 表示情绪测量区间内负面情绪出现的时长。根据 FaceReader 软件的反馈结果，统计情绪测量期间 Valence（效价）值小于负 0.33 的次数，再乘以每个测量区间的时间长度即 0.1 秒，得到负面情绪出现的总时长。显然，负面情绪出现的时间越长，那么角色 A 在制定决策过程中的情绪越消极。

N_2 表示情绪测量区间内负面情绪持续的最长时间。计算目标时间段中，FaceReader 连续报告出现负面情绪的时间长度，并选取其中负面情绪持续最长的那段时间来衡量角色 A 的负面情绪水平。如果连续出现负面情绪的持续时间越长，则表示角色 A 在制定决策过程中的情绪越消极。

N_L 表示情绪测量区间内 FaceReader 反馈的负面情绪的最小值，

即 Valence 的最小值。如果在情绪测量区间内角色 A 出现的最小的负面情绪水平较低，则表示角色 A 在制定决策过程中曾出现过很强的消极情绪。

以上三个指标分别从不同角度来衡量角色 A 在制定决策过程中出现负面情绪的水平。

(3)控制变量。

在实证分析中，本研究也对受试者的性别(G_1)，其中男性定义 $G_1=1$；女性定义 $G_1=0$；年龄(A)和年级(G_2)三个因素进行了控制。

5)回归模型

$$C=\beta_0+\beta_1 N+\beta_2 G_1+\beta_3 A+\beta_4 G_2+\varepsilon$$

2. 研究2(实证研究——FaceReader)

1)样本选择与数据来源

本研究选择的样本为2009年至2014年间在创业板上市的公司。其中，2013年由于证监会全面停止IPO，当年没有公司上市，共得到411家公司样本。有关上市公司IPO的相关数据来自Wind数据库和国泰安数据库(CSMAR)；IPO路演视频来自全景网路演中心网站。

根据本研究的特点，对样本进行进一步筛选，剔除无效样本。样本的筛选标准如下：①剔除截至2015年已退市的公司样本，含样本6个；②剔除未获得IPO路演视频的公司的样本，含样本90个；③剔除董事长在IPO路演中没有讲话的公司的样本，含样本7个。最后，得到有效样本308个。

2)变量定义

(1)因变量。

业绩变化(G^1)：本研究采用总资产报酬率(R)的变化来衡量公司

的业绩水平，用上市后一年与上市前一年的业绩变化之差进行衡量。

(2)自变量。

董事长的消极情绪(N)：首先，通过观看每家公司的路演视频，手工截取董事长讲话片段。随后，将截取的视频文件导入 FaceReader 软件中，FaceReader 便会自动将视频按照每隔 0.055 秒分成一段，测量一次表情，从而反馈出董事长每隔 0.055 秒产生高兴、愤怒、厌烦、恐惧、悲伤和惊讶这六种基本表情的概率，并根据情绪的分类(如高兴为正向情绪，愤怒、厌烦、恐惧和悲伤为负向情绪，惊讶既不是正向情绪也不是负向情绪)，计算情绪值 Valence。软件每隔 0.055 秒报告一个 Valence 值。根据 FaceReader 软件使用说明书的描述，Valence 值越大，情绪越积极正面；Valence 值越小，情绪越消极负面(其中 Valence 值小于−0.33 时，为负面情绪)。

基于此，延续在实验研究中设计的情绪测量变量，实证分析中也使用三种方法计算董事长在路演讲话过程中的负面情绪水平。

N_1 表示董事长在路演讲话过程中负面情绪出现的总时长。根据 FaceReader 软件的反馈结果，统计出董事长讲话期间 Valence 值小于−0.33 的次数，然后乘以 0.055 得到负面情绪出现的总时长。根据实验研究部分的结论，负面情绪出现的时间越长，那么董事长在介绍公司情况过程中提供的信息越不真实，公司 IPO 后业绩下滑的幅度也就会越大。

N_2 表示董事长在路演讲话过程中负面情绪持续最长的那段时间长度。董事长讲话时，负向情绪和正向情绪可能交替出现，如果董事长在讲话过程中持续出现负面情绪的时间越长，那么他所介绍的公司信息中存在不真实的情况更为严重。

N_L 表示董事长在路演讲话过程中 Valence 的最小值，以此衡量董事长的负面情绪水平。有经验的人往往会控制和调节自己的表情，如微表情只会出现四分之一秒。董事长在路演讲话期间也可能通过自我调节来掩饰自己的负面情绪，而使得持续观测到董事长负面情绪的时间缩短。因此，本研究还提取了董事长在整个路演讲话过程中情绪最消极时的 Valence 值（Valence 的最小值），以此作为负面情绪的衡量指标。

（3）控制变量。

本研究选取公司规模（S）、资产负债率（L）、成长性（A_G）、发行市盈率（P_E）、公司性质（S_{OE}）这几种指标作为控制变量。我们还通过引入行业虚拟变量和年度虚拟变量对行业（I）和年度进行控制。根据本研究的特点，我们还控制了董事长年龄（A）、性别（G）、路演讲话的时长（T）以及董事长权利（P）、公司冗余资源（R）、行业环境的竞争性（C）等变量。

3）回归模型

$$G^1=\beta_0+\beta_1 N+\beta_2 S+\beta_3 L+\beta_4 A_G+\beta_5 P_E+\beta_6 P+\beta_7 C+\beta_8 R+\beta_9 S_{OE}+\beta_{10} I+\beta_{11} G+\beta_{12} A+\beta_{13} T+\varepsilon$$

3.1.4 实验研究结果

董事长讲话视频长度的变量与业绩变化之间存在显著的负相关关系，说明董事长如果越想让投资者相信他所提供的信息是真实的，就越可能在路演过程中用越长的时间来介绍公司。董事长在 IPO 路演讲话过程中出现负面情绪的总时长（N_1）与公司上市后业绩变化幅度显著负相关，说明董事长在 IPO 路演讲话时负面情绪出现的时间越长，公司在 IPO 之后业绩下滑的水平就越大，这与假设 H1 一致。引入董事长在 IPO 路演讲话过程中负面情绪连续出现的最长时间（N_2）作为自变量。回归结果表明，董事长讲话过程中连续出现负面情绪的时间越长，公司 IPO 后的业绩下滑幅度越大，这一结论同样支持假设 H1。董事长在 IPO 路演讲话期间负面情绪最小值(N_L)与公司上市后业绩变化之间存在显著正相关关系，说明董事长讲话时的负面情绪最小值越小，也就是董事长讲话过程中总体情绪水平越趋于消极，那么公司上市后的业绩下降幅度也就越大。可见，以上结论均支持假设 H1。

3.1.5 小结

本研究以 2009—2014 年在创业板上市的公司为样本，研究是否可以通过董事长在 IPO 路演讲话过程中所呈现出的负面情绪水平来推测公司对外披露信息的真实性，以此来预测公司在创业板上市之后业绩变脸的程度。基于实证和实验相结合的方法并利用 FaceReader 面部表情分析软件定量测量负面情绪水平，研究结果表明：董事长在 IPO 路演讲话时的面部表情所反映出的负面情绪水平越高，公司 IPO 后业绩变脸程度越大。

本研究借助 FaceReader 面部表情分析软件，对有关"软"信息的研究进行了拓展，全面考察了人类六种基本表情，并从高兴、愤怒、厌烦、恐惧、悲伤和惊讶这六方面衡量情绪水平，计算出负面情绪值，并表明这一情绪指标可以用于推断创业板 IPO 公司上市后业绩变化情况，研究的科学性和可比性大大提高。

此外，本研究对 FaceReader 软件有效性进行了检验。用 FaceReader 软件分析决策者情绪对决策行为的影响这一研究之后，在中国运用实验研究手段验证了运用 FaceReader 软件测量得到的情绪水平与欺骗行为之间存在关系，从而也为随后开展相关研究提供了经验支持。

3.2　新创企业违规行为的实验研究

文章题目：

脸说真话：男性企业家的面部阳刚之气如何预测新创企业的违法行为（*Face tells the truth: How male entrepreneur's facial masculinity predicts new venture corporate illegality*）。

文章作者：

龚汨嘉（西安交通大学）；张喆（西安交通大学）；贾明（西北工业大学）。

文章来源：

IEEE Transactions on Engineering Management，2020，69(5)：2337－2348.

https://doi.org/10.1109/TEM.2020.3008756.

文章概要：

本文研究了首席执行官（CEO）的人口统计特征，如性别和年龄，如何影响公司的不道德行为。然而，CEO的生物学特征对公司违法行为的影响尚不完全清楚。基于权力的接近/抑制理论，本文分析了男性企业家最明显的基因决定的生物特征之一，即面部男性气质，是否可以以及如何预测新企业的企业违法行为。生物性状主要由基因决定。它们不仅塑造个人的心理过程，而且影响行为。近期，学者们多次呼吁将企业家的生物学特性纳入创业研究。我们以2010—2016年中国创业板上市公司为样本，利用人工智能人脸识别技术Face＋＋对男性创业者的面部阳刚气质进行识别和量化。研究发现，男性企业家面部阳刚之气与新创企业违法行为之间存在正相关关系。此外，我们探讨了个体差异（个人责任）和社会因素（社会不稳定）的调节作用，这些因素降低了具有更多面部阳刚之气的男性企业家从事新企业违法行为的可能性。尽管公司领导者的面部男性化可能通过提高公司绩效使公司受益,但研究结果表明,在预测新企业的不道德行为时,有必要考虑这种稳定的生物学特征。

3.2.1 实验研究背景

新创企业正在经历新的责任,并面临着高死亡风险。为了生存,许多新成立的企业从事公司违法行为,如非法担保、不当使用资金、虚报和非法股票交易。公司违法是一种典型的、违反社会规范、规章制度或直接伤害利益相关者的危险的不法行为。如果公司被发现从事公司违法行为,将受到严厉惩罚,而修复受损的形象成本高昂。根据新浪财经的数据,在过去的二十多年里,超过 21.8%的中国上市公司从事过公司违法行为。网易财经报道称,中国创业板和中小企业板公司的违规可能性是主板的两倍。

不仅媒体注意到严重的公司违法现象,近年来,学者们也开始关注公司违法问题。管理学者近年来反复强调研究生物特征对企业决策和行为的影响的重要性。从这些角度出发可能会产生一个关键问题:哪些明显但重要的生物学特征可以用来预测潜在的公司非法性,以帮助投资者选择卓越的新企业并做出明智的投资决策?

近年来,越来越多的学者致力于将生物特征纳入公司违法性研究,借助于先进的高科技设备,如 FaceReader、Praat 声学软件和功能磁共振成像(fMRI),测量个人生物特征。本研究使用人工智能(AI)面部识别和识别软件 Face++将面部男性气概的测量扩展到创业研究领域,考察创业者的面部男性气概对新创企业的违法行为的影响。

3.2.2　实验研究假设

本研究基于权力的接近/抑制理论，认为企业家的面部男性气质和新创企业的违法行为取决于个体差异和社会因素，并进一步分析了作为个体差异和社会因素代表的企业家责任和社会不稳定如何调节这种关系。

权力的接近/抑制理论表明，个人的高心理权力感与更多的乐观情绪和从事非法商业行为的倾向有关。具体地说，不同程度的心理权力感对激活个体基本行为系统，即接近系统和抑制系统有不同的影响。接近系统的功能是规范与在环境中寻找奖励和利益相关的行为，而抑制系统在识别环境中的潜在危险、威胁和惩罚方面起到了警示作用。

基于权力的接近/抑制理论，研究推断，企业家的面部阳刚感会影响他们从事非法商业行为的倾向，这标志着企业家心理上的权力感水平。因此，当面临是否进行公司违法行为的决定时，男性企业家的接近系统比抑制系统更积极，他们通常会非常关注好处，如奖励和表彰，而不是坏处，如公司违法的威胁和危险。面部阳刚的企业家更倾向于从事公司违法行为，这意味着心理上的权力感更高。

权力的接近/抑制理论认为，个人责任阻碍了有权势的人的接近系统，从而削弱了心理权力感对非法商业行为的影响。具体地说，个人问责带来了来自外部环境的大量关注、评论和评价。高度问责转变为激活抑制系统并削弱接近系统，导致他们更多地关注公司违法可能带来的威胁和危险，而不是奖励和表彰。当有权势的人承担更多的个人责任时，他们会更关心社会后果以及其他人对他们决策的意见和利益。随着创业者对新创企业承担更多的个人责任，创业者面部阳刚之气对新创企业违法行为的积极影响应该减弱。

同时，权力的接近/抑制理论认为社会不稳定往往会削弱强势个体的接近系统，强化他们的抑制系统，从而削弱心理权力感对非法商业行为的影响。简而言之，社会不稳定激活了强大的个人的抑制系统，导致他们专注于非法商业行为的威胁和损失，而不是机会和利益。当一家新创企业处于一个不稳定的社会时，创业者的面部男子气概对新创企业违法行为的积极影响应该减弱。

据此，本研究提出如下三个研究假设：

H1：创业者的面部男子气概与新创企业违法行为之间存在正相关关系。

H2：个人责任弱化了创业者面部阳刚与新创企业违法之间的正向关系。

H3：社会不稳定弱化了创业者的面部男子气概与新创企业违法之间的正向关系。

3.2.3 实验研究方法

1. 数据收集和样本

样本包括 2010 年至 2016 年在中国创业板上市的公司。根据创业者的照片手工收集面部男性信息，照片从首次公开募股网站获得。此外，根据以前的研究，从中国股票市场与会计研究（CSMAR）数据库中收集了新的风险公司违法信息。从 CSMAR 数据库、Wind 数据库、中国统计年鉴和公司年报中获得其他财务数据和公司治理信息。截至 2016 年底，创业板共有 570 家新创企业，在剔除缺失的变量后，本研究构建了一个包含 1729 个公司年度观测数据的面板数据集。

2. 变量定义

1)自变量

企业家男子气概(entrepreneur masculinity):使用 f_{WHR} 来衡量创业者的面部男性气概。与之前心理学和生物学研究中研究男性面部男子气概的研究一致,f_{WHR} 为面部的双颧骨宽度(左右颧骨之间的距离)和上面部高度(上嘴唇和眉毛之间的距离)的比值。f_{WHR} 比率越高,男性面部的男性气概水平越高。文章引入一种基于人工智能的测量方法,通过使用 Face++Cognitive 软件和 Node 来计算 f_{WHR}。

2)因变量

企业违法行为(corporate illegality):中国证券监督管理委员会(CSRC)对创业板上市公司进行严格监管。本研究的企业违法行为包括欺诈上市、违规担保、资金占用不当、非法买卖股票、内幕交易、虚假记载、误导性陈述、重大遗漏、投资违规、占用资产等。CSMAR 数据库中有准确的处置日期、违规类型、违规日期和处罚措施。本研究使用违规日期来识别企业违法的年份,并使用虚拟变量来衡量企业的违法性。如果公司违法行为发生在当年,则为 1,否则为 0。

3)调节变量

企业家个人责任(entrepreneur duality):使用企业家二元性来衡量个人责任,董事长和首席执行官为同一人,取值为 1,否则为 0。

社会不稳定性(GDPds):使用区域经济特征的差异来衡量社会不稳定,方差计算为前四年各省 GDP 增长的标准差。值越大,社会越不稳定。

4)控制变量

选取企业家年龄(entrepreneur age)、企业家持股百分比

(entrepreneur ownership)、董事会规模(board size)、董事会会议(board meeting)、上市年份(IPO year)、公司规模(firm size)、最大股东权力(top1)、企业研发(R&D)等作为控制变量。

3.2.4 实验研究结果

研究发现,男性气概与公司违法行为之间存在显著的正相关关系。企业家面部男子气概水平每增加一个标准差,从事公司违法行为的概率就会增加19.6%。结果显示,面部男子气概越强,新企业从事公司违法行为的可能性就越大,假设H1得到了支持。企业家面部男子气概与企业家个人责任交互作用的负显著系数表明具有更多个人责任感的男性企业家从事公司违法行为的概率较低,假设H2得到了支持,个人责任弱化了创业者面部阳刚与新创企业违法之间的正向关系。企业家面部男子气概与社会不稳定性交互作用的负系数显著,这一结果表明,在社会不稳定的地区,男性企业家不太可能从事公司违法行为。因此,假设H3得到了支持,社会不稳定弱化了创业者的面部男子气概与新创企业违法之间的正向关系。

3.2.5 小结

本研究以2010—2016年我国创业板上市公司为样本,使用人工智能面部识别技术Face++,识别和测量企业家的面部男性气概,实证分析了创业者面部男性气概对新创企业违法行为的正向影响。当企业家对新企业有高度的责任感时,他们似乎不太可能从事公司违法行为。此外,当公司位于社会环境不稳定的地区时,面部男性气概较高的企业家从事公司违法行为的可能性较低。

本研究使用人工智能软件测量,可以在一定程度上减少人工测量误差,保证结果的严谨性和客观性。例如,本研究使用Face++来衡量面部的男性气概，可以自动识别人脸上的 106 个点，并生成相应的坐标作为输出，避免了手动测量的误差。

参考文献

贾明，姚晨雨，张喆，2020. 路演中董事长面部表情与 IPO 后公司业绩变脸[J]. 管理工程学报，34(3)：55 - 64.

GONG M J，ZHANG Z，JIA M，2020. Face tells the truth：How male entrepreneur's facial masculinity predicts new venture corporate illegality[J]. IEEE Transactions on Engineering Management，69(5)：2337 - 2348.

第4章

个体不道德行为的实验研究

4.1 辱虐领导来源的实验研究

文章题目：

没有时间讲道德：时间压力如何以及何时导致滥用监管行为(*No time for ethics：How and when time pressure leads to abusive supervisory behavior*)。

文章作者：

张喆(西安交通大学)；贾兴泽(西安交通大学)；贾明(西北工业大学)。

文章来源：

Journal of Business Ethic(online)。

文章概要：

在本研究中，我们探讨了时间压力是否、如何以及何时导致辱虐性领导行为。基于注意力焦点模型，我们提出时间压力会损害领导的道德意识，从而增加他们随后的辱虐性行为。我们还提出，领导的正念特质通过道德意识减轻了时间压力对辱虐性行为的间接影响。

基于一项使用眼动追踪方法(eye-tracking)的实验,研究 1 测试并为时间压力与道德意识之间的关系提供了支持($N=53$)。在研究 2 中,我们使用 61 名领导及其下属的数据,通过 10 个工作日的经验抽样方法(experience sampling methodology,ESM)来测试我们的完整理论模型。结果显示,时间压力通过领导的道德意识对其辱虐性行为产生了积极的间接影响。当领导者的正念特质水平较低时,这种间接效应更强。另外,我们通过讨论研究结果的理论和实践意义以及未来的研究方向来总结这一研究。

4.1.1　实验研究背景

当电动汽车制造公司特斯拉(Tesla)在危机期间迫切需要完成生产任务时,该公司首席执行官埃隆·马斯克(Elon Musk)辱骂了想休息的员工。该公司前首席财务官瑞安·波普尔(Ryan Popple)解释说,"一些人认为埃隆太强硬,脾气太暴躁或专横,但这是一个艰难的时期,我们这些接近公司运营现实的人知道这一点"。埃隆·马斯克似乎不愿意故意虐待他的员工,但除了即将到来的最后期限外,他没有时间考虑任何事情。我们不禁想问:时间压力和辱骂性的监督行为之间有关系吗?如果有,这种关系是如何发生的,又是在什么时候发生的?

以往的研究表明,时间压力是一把双刃剑。一方面,时间压力被认为对个人成长、创造力、工作投入、工作绩效和变革型领导行为等方面有积极的影响。另一方面,时间压力会对道德结果产生负面影响,如削弱个体的道德决策,导致知识隐藏、抄袭、伪造报告等。虽然学者们已经认识到时间压力的自私和不道德的后果,但大多数学者都没有从人际影响的角度考虑其后果,特别是时间压力对领导对待下属的影响。然而,最近的研究表明,对时间稀缺的感知也可能改变管理者的认知、态度和行为。因此,站在领导的行动者的立场上,关注领导感知到的时间压力对其不道德领导行为(如辱虐性领导行为)的影响是势在必行的。不幸的是,以前的大多数研究都没有考虑到这一点。基于以上讨论,本研究认为研究时间压力对领导辱虐行为的影响在现实实践和理论上都是重要的。

4.1.2 实验研究框架

为了了解时间压力对辱虐性领导行为的影响作用,本研究借鉴了注意力模型(attention focus model,AFM),这是一种以注意力为中心的模型,用于描述时间压力、注意力集中程度和绩效之间的关系。AFM 的基本假设是,时间压力会影响一个人在某种情况下注意的元素。具体而言,时间压力可能会增加促进目标完成的特征的相对显著性,同时降低与任务完成无关的特征的显著性。因此,时间压力导致个人会更关注于促进任务完成与任务相关的活动和信息,而几乎完全忽略无关的问题。这些注意力和目标上的差异反过来又有可能指导个体行为,从而导致表现上的差异。

基于 AFM,本研究主张时间压力会让领导更加关注与任务完成最相关的环境特征,而降低他们对该情景下道德内容的意识,即道德意识。当道德意识受损时,领导更有可能从事辱虐性行为。因此,本研究认为时间压力通过道德意识导致滥用监督行为。

除此之外,根据 AFM,时间压力可能会与其他个体特征相互作用,以确定环境的哪些特征对人们来说最突出。在此基础上,本研究认为,正念特质是时间压力和道德意识之间关系的关键调节因子。具体来说,本研究认为具有正念特质的人会有意地以非评判的姿态关注当下的体验,对信息的感知更全面,从而避免注意力无意识地从道德内容上转移开,所以正念特质会缓解时间压力和道德意识之间的关系。

据以上讨论，本研究提出四个研究假设，具体假设及理论框架(见图 4-1)如下：

假设 1：领导的时间压力与领导的道德意识负相关。

假设 2：时间压力通过管理者的道德意识对辱虐性领导行为具有正向的间接作用。

假设 3：正念特质调节了时间压力和道德意识之间的负向关系，因此当正念特质较低时，这种关系会更强，而不是较高时。

假设 4：正念特质通过道德意识调节了时间压力对辱虐性领导行为的正向间接效应，即正念特质较低时，间接效应较强。

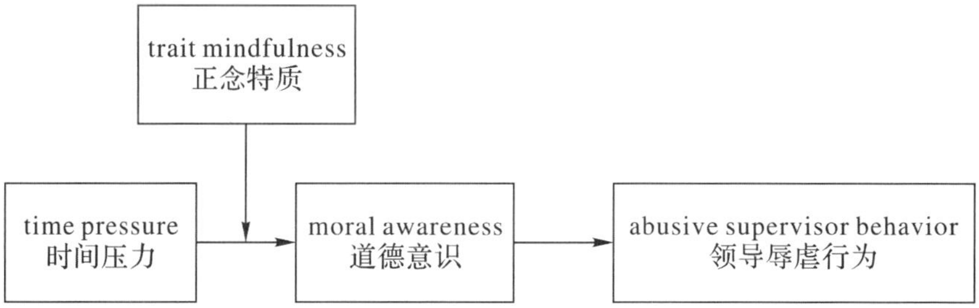

图 4-1　理论框架

4.1.3　实验研究方法

本研究一共进行了两项实验来检验所提出的理论模型：研究 1 为实验室实验，研究 2 为多时间段实地研究(multi-wave field study)。具体来说：在研究 1 中，该研究使用了眼动追踪技术来捕捉道德意识，来检验时间压力对道德意识的因果效应。在研究 2 中，该研究采用了 10 个工作日的经验抽样方法，以验证完整的理论模型，并验证模型在真实组织情景下的外部效度，即研究 2 考察了时间压力通过道德意识对辱骂性监管行为的间接影响以及正念特质的调节作用。

1. 研究 1(实验室实验——眼动追踪研究)

1)被试选择

被试是通过社会科学实验室的网站正式招募的。来自中国西北一所大型大学的 53 名本科生和研究生参与了这项研究。参与者中,66.0%为女性,平均年龄 21.3 岁(标准差 1.8)。参与者在完成整个任务后获得 20 元人民币的补偿。所有参与者都有正常或矫正到正常的视力。参与者坐在一个单独的房间里,在整个任务过程中不允许彼此互动。

2)实验程序

实验共分为四步进行。

第一步:实验说明。

在到达实验室后,参与者被告知他们将在研究期间进行两项不相关的任务。参与者首先被要求完成设备校准,并被要求在随后的任务中眼睛尽量保持专注。

第二步:被试分组。

实验被试被随机分配到两种条件下:存在时间压力条件(n=27)或不存在时间压力条件(n=26)。

第三步:实验操纵。

(1)时间压力操纵。本研究通过要求参与者完成算术任务来操纵时间压力。这个任务要求参与者完成 9 个简单的加减法心算问题[例如:27+47−9=?],并将他们的最终答案写在纸上。有 9 名参与者参与了一项预实验,以确保时间压力得到充分和适当的控制。预实验结果证实,一分钟的时间限制会让参与者面临时间压力。因此,在时间压力条件下,参与者只被允许在一分钟内完成算术任务,并在还有 40 秒和 20 秒时得到时间提示。在控制组条件下,参与者在算术任务中没有时间限制。

(2)视觉注意任务——捕捉道德意识。视觉注意任务是在参与者完成算术任务后立即引入的。屏幕上出现了 6 个词,参与者被要求观察他们在视觉注意任务中关心哪些词。在出现的 6 个词中,3 个与道德相关的词(伦理、道德和美德)和 3 个与任务相关的词(任务、得分和完成)被用来模拟工作场所的两个重要信息来源(道德和任务方面)。这些词是中文的且长度相同;当词被展示给参与者时,词之间的空间在纵向和横向两个维度上是相等的。与道德和任务相关的词以交错的方式排列,以减少因词的放置而造成的错误。根据我们展示的词的数量和长度,我们设置了词的页面展示时间,即在 15 秒结束,以确保参与者的总观察时间是相同的。在本研究中,我们希望检测时间压力是否会让参与者更关注与任务相关的词汇,而不是与道德相关的词汇,也就是验证时间压力会使得道德意识下降。

第四步:实验后测。

参与者对他们在算术任务中感受到的时间压力程度进行打分,以检查实验后时间压力操纵的有效性。题目是“在做算术任务时,我承受了很大的时间压力”。

2. 研究 2(ESM 研究)

1)被试选择

本研究最初选取 68 名至少有 2 名来自商业银行的领导及其下属。最终,在领导者中,61 人同意进行调查,他们的下属从 3 人到 12 人不等,平均每组 5.8 人;同时本研究收到了 112 名下属的完整问卷,每个领导至少有 1 名员工参与了调查。其中,在领导者样本中,女性占 37.7%,平均年龄 36.4 岁,平均受教育年限为 15.7 年,平均工作年限为 13.4 年，平均管理年限为 3.2 年；在最终的下属样本中，44.6%为女性，平均年龄为 30.9 岁，平均受教育年限为 15.7 年，平均任期为 2.3 年。

2)研究程序

数据通过在线调查收集，调查以参与者的母语(汉语普通话)进行。我们在日常调查开始前大约一周向领导发送了一次性调查，并要求他们报告自己的人口统计学信息和正念特质。在日常调查过程中，参与者被要求在两周内(10 个连续工作日)每天完成一份调查。调查在下午 5 点发送，以评估领导者的时间压力和道德意识；下属被要求在工作日结束时(下午 5：30 左右)完成调查(衡量辱虐性领导行为)。

4.1.4 实验研究结果

虽然关于时间压力的研究已经证明了时间压力带来的不道德后果，但时间压力是否会导致不道德的领导行为，如辱虐性行为，目前尚不清楚。本研究借鉴 AFM 开发了一个有调节的中介模型来解释时间压力如何以及何时影响领导的道德意识和辱虐性领导行为。通过进行眼动追踪实验和多时间段的经验抽样研究，我们发现时间压力损害了领导的道德意识，从而增强了他们的辱虐性领导行为。此外，正念特质调节了时间压力对领导道德意识的影响，因此，当正念特质水平较低时，这种负向关系会更强。

4.1.5 小结

本研究从现实现象出发提出了一个有趣的管理问题，并由此展开了研究。研究结果为那些希望通过增加时间压力水平来激励和提高业绩的领导者提供了警告。在数字时代，人们习惯于每天在工作场所体验时间压力。虽然时间压力有一些好处，比如加快任务完成速度，但本研究结果表明，管理者应该意识到，时间压力可能会在无意中驱使员工或领导者从事不道德的行为，这可能对组织造成更大的伤害。在这种情况下，管理者必须找到减少时间压力和时间压力带来的潜在道德问题的方法。例如，管理者可以采用灵活的人力资源管理来减少时间压力，例如减少对最后期限的使用，允许领导自己设计他们的工作时间表。此外，管理者应该培养一种友好的组织氛围，以支持领导在这样一个快节奏的世界中应对时间压力的威胁。

除此之外，本研究也发现了时间压力和道德意识是领导辱虐行为的近端预测因子，以及正念特质的缓和作用。因此，首先，我们建议管理者可以通过提高领导者的道德意识来减少辱虐行为。例如，人力资源经理可以设计道德培训项目，让领导意识到日常生活中的道德问题；考虑到日记是人们进行反思最有效的方式之一，管理者可以奖励那些习惯每天写工作日记的领导，从而帮助他们持续保持道德意识的底线。其次，领导应该意识到可能引发辱虐性领导行为的因素，如时间压力，并采取措施加以预防。例如，领导可以学习时间管理技能，以减少他们可能经历的时间压力。最后，领导可以关注一下正念特质因素，因为具有正念特质的管理者即使在时间压力下，他们也善于识别道德问题，抵制不道德行为。正如我们的研究所表明的，正念特质应该在很大程度上得到发展、鼓励和奖励。例如，人力资源经理可能会在挑选领导的过程中增加一些关于求职者正念特质的测试问题。此外，后续的培训也可以包括正念练习，比如静坐冥想，以培养领导的正念能力。

4.2 辱虐领导对于第三方影响的实验研究

文章题目：

他们的痛苦，我们的快乐：同事辱虐管理如何以及何时导致第三方的幸灾乐祸和工作投入（*Their pain, our pleasure: How and when peer abusive supervision leads to third parties' schadenfreude and work engagement*）。

文章作者：

乔月桥（西安交通大学）；张喆（西安交通大学）；贾明（西北工业大学）。

文章来源：

Journal of Business Ethics, 2021, 169: 695 - 711.

https://doi.org/10.1007/s10551-019-04315-4.

文章概要：

领导辱虐对其直接受害者产生负面影响。然而，最近的研究开始探索领导辱虐如何影响第三方。本研究以基于情绪的幸灾乐祸过程模型为基础，提出第三方将经历幸灾乐祸并增加其工作投入，作为对同事领导辱虐（peer abuse supervision, PAS）的回应。此外，本研究认为，竞争性目标依赖的背景促进了 PAS 通过幸灾乐祸对第三方工作投入的间接关系。我们使用一种混合方法来检验我们的假设：通过面部表情分析技术进行的实验研究（研究 1，2×2 设计，$N=104$）和分时间段的实地调查（研究 2，$N=229$），用数据支持我们的假设。总体而言，本研究扩展了 PAS 文献，并对旨在改进工作场所道德环境的从业者有意义。

4.2.1　实验研究背景

辱虐性领导普遍存在，他们显然对道德工作环境构成了威胁。这些领导者使用辱虐性语言公开羞辱、恐吓或威胁下属。这些不道德的行为不仅影响到直接受害者，也影响到第三方员工。因此，研究人员的研究重点开始转移到观察同事领导辱虐(PAS)如何影响第三方员工。从谴责角度来看，第三方有道德义务向 PAS 表现出道德气愤，因为这违反了第三方的道德和社会规范；从正义的道义性和范围来看，当辱虐行为的受害者被认为不应该受到惩罚时，第三方会感到愤怒。但是，这些论点建立在一个潜在的假设上，即第三方和他们的同事站在统一战线，导致与受害者的情绪一致(即道德勇气、愤怒和同情)。然而，有研究者认为，当受害者被认为应该受到辱虐时，第三方会认为这种辱虐是正当的，并对此感到满足。他们关注的显然是一个"冷"的认知过程，在这个过程中，第三方的满足是基于他们对正义的感知，但这在很大程度上忽视了一个"热"的情感过程。而相关研究已经指出，第三方对 PAS 的反应往往是直觉的。因此，从情感的角度来理解当与受害者情绪不一致时，PAS 和第三方之间的关系是有必要的。基于此，本研究关注有趣的情感视角，提出第三方有没有可能会从 PAS 中感到幸灾乐祸。这种幸灾乐祸情绪会不会进一步影响第三方员工的工作投入，以及什么情景下会出现这种幸灾乐祸情绪。

4.2.2　实验研究框架

本研究通过情绪的幸灾乐祸过程模型(emotion-based process model of schadenfreude)来构建研究框架。基于情绪的幸灾乐祸过程模型表明，当第三方与同事共享不兼容的目标时，他们从 PAS 中获益并经历幸灾乐祸，最终会驱动个人行为，例如工作投入，来再次凸显与经历领导辱虐的同事的差异来提高个人心理收益。根据该模型，是否兼容的目标会对该关系起到减弱或加重作用，因此本研究引入了竞争性目标依赖和合作性目标依赖作为调节变量。由此，本研究的具体假设及理论框架（见图 4－2）如下：

假设 1：PAS 与第三方幸灾乐祸呈正相关。

假设 2：竞争性目标依赖正向调节了 PAS 与第三方幸灾乐祸之间的正向关系，当竞争性目标依赖程度高时，这种关系更强。

假设 3：合作性目标依赖负向调节了 PAS 与第三方幸灾乐祸之间的正向关系，当合作性目标依赖程度较低时，这种关系较强。

假设 4：第三方的幸灾乐祸与其工作投入呈正相关。

假设 5：PAS 通过幸灾乐祸对第三方工作投入的间接影响关系被竞争性目标依赖调节，因此当竞争性目标依赖高而非低时，这种影响更强。

假设 6：PAS 通过幸灾乐祸对第三方工作投入的间接影响关系被合作性目标依赖调节，因此当合作性目标依赖低而非高时，这种影响更强。

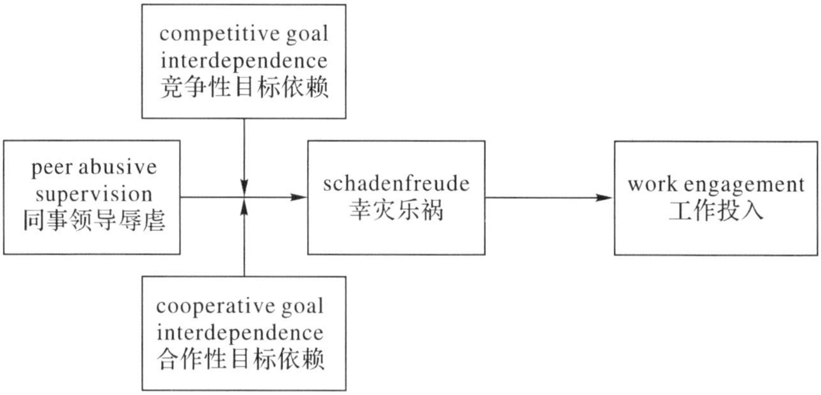

图 4－2　理论框架

4.2.3　实验研究方法

本研究进行了实验室实验(研究 1)和实地研究(研究 2)。在研究 1 中,使用了来自中国一所大型大学的学生样本,我们操纵了 PAS 和目标依赖性,并测量了第三方的幸灾乐祸(使用面部表情分析技术)和工作投入。在研究 2 中,使用了参加在职 MBA 课程的全职员工样本。这两项研究融合了不同的设计和样本,为理论模型提供了具有内部和外部效度的混合证据。

1. 研究 1(实验室实验——面部表情分析技术)

1)被试选择

实验室实验中,被试包括 104 名来自中国西北地区一所著名大学的本科生和研究生。为了符合资格,参与者必须有工作(至少兼职),并有一个领导。被试平均年龄为 22.9 岁(标准差为 2.0),男性占 38.5%。

2)实验程序

实验分为四步进行。

第一步:被试分组。

被试被随机分配到 2(目标依赖:竞争性 vs 合作性)×2(PAS 水平:高 vs 低)的设计条件中。

第二步:任务指示。

实验者指示被试以团队的形式参加比赛,每个团队将由一名领导和三名下属组成,如果他们赢得了比赛,那么他们将获得额外的奖励。因此,领导将与其他三名被试一起工作。被试通过抽签来决定自己在团队中的角色(被试不知道的是,纸条上写的所有角色都是下属)。也就是说,实际上所有被试都被分配了下属的角色。

在比赛中，被试坐在一个单独的房间里，并被要求想象自己是一个数学家，即将审查领导分配的一份算术计算清单。这些计算包括简单的加法和减法问题[例如：142＋227－(－29)＝388]。提供给被试的计算结果中，近一半包含错误。被试被要求说明每一个计算是否包含错误。被试还被告知，在计算过程中，领导可以观察每个小组成员的答案，并发送信息为他们提供指示。

第三步：实验操纵。

(1)PAS 操纵。在计算时，每个小组成员都会收到来自领导的消息，这条消息则会作为 PAS 操纵。在阅读信息后，被试继续评估剩余的算术计算。高(低)PAS 水平的参与者阅读信息如下(玛丽是假设的作为被试下属的人物)：

[高 PAS]玛丽！你的答案中有这么多愚蠢的错误！我不明白你怎么能这么笨！你上过数学课吗？你要么完全无能，要么就是懒惰，或者两者兼而有之。

[低 PAS]玛丽，我注意到你的回答有一些错误。你答错的问题可能很棘手，很多人都会犯同样的错误。避免这些错误的一个方法是专注于这些问题。

(2)目标依赖操纵：根据之前的研究，可以通过改变参与者在比赛中是否与他们的小组成员竞争或合作来操纵目标依赖。在竞争(合作)目标相互依赖的条件下，参与者阅读以下说明：

在比赛中，你将与以你的小组成员作为你的对手进行竞争(在与对手团队的比赛中，以你的小组成员作为你的团队伙伴进行合作)。表现超过对手(对手队)的参与者(队)将有机会获得额外的经济奖励。

第四步：实验后测。

被试被要求完成领导辱虐和目标依赖操纵检查、工作投入的调查，之后填写了个人人口统计信息(例如，年龄、性别和教育)。

2. 研究 2(实地研究)

1)被试选择

实地研究中,共有 280 名在中国一所大型大学参加兼职 MBA 课程的全职员工参加了研究 2。我们从发放的 280 份问卷中总共获得了 229 份完整的、匹配的和可用的问卷,总体回复率为 81.8%。研究对象中,男性占 33.2%,平均年龄 27.03 岁;共有 0.4%的参与者拥有大专学历,59.8%的参与者拥有本科学历,39.8%的参与者拥有研究生学历;平均任职时间为 2.29 年;他们的职业包括银行出纳员、销售助理、物流技术人员和 IT 技术人员。

2)实验程序

实验分为两个时间段进行。

时间 1:我们向 280 名参与者分发了一份调查,评估了 PAS、竞争性目标依赖、合作性目标依赖、幸灾乐祸和控制变量。

时间 2:时间 1 的四周后,我们获得了每个参与者的工作投入度报告。

4.2.4　实验研究结果

现有文献表明,第三方并不总是同情 PAS,而是有可能从 PAS 那里获得乐趣。本研究的目标是从“热”情感过程考察第三方对 PAS 的反应。本研究借鉴了基于情绪的幸灾乐祸过程模型,并采用了观察者对 PAS 反应的情感视角。通过实验室实验和现场研究,我们发现 PAS 会在第三方中诱发幸灾乐祸。竞争性目标依赖调节了 PAS 对幸灾乐祸的影响,因此,在高竞争目标依赖的背景下,第三方的这种正向关系更强。此外,我们发现,第三方的幸灾乐祸增加了他们的工作投入。这两项研究共同为探索环境因素(即竞争性目标依赖)来促进 PAS 通过第三方的幸灾乐祸与工作投入正向关系提供了证据。

4.2.5 小结

本研究结果强调了组织控制辱虐管理事件的重要性。本研究结果表明,辱虐管理会影响大型工作组,特别是第三方员工。虽然研究结果似乎表明,第三方在观察到同事受到辱虐后可能会提高他们的工作投入,但我们不鼓励主管使用辱虐作为提高第三方员工工作投入的策略,因为正面的结果来自第三方的幸灾乐祸,这是一种恶意和不道德的行为。因此,我们强烈地鼓励管理者对幸灾乐祸的好处保持警惕,并尝试建立一个高度道德的工作场所。

除此之外,本研究还发现,在竞争性目标依赖的背景下,如果同事是领导监督的受害者,员工会表现出相对较高的幸灾乐祸和工作投入水平。因此,组织在使用零和竞争激励模式时应该谨慎,因为这种环境容易培养出以辱虐为策略的管理者,并使其他员工在同伴受到辱虐时产生幸灾乐祸情绪。为了尽量减少领导辱虐和培养道德文化,组织应该避免使用零和竞争战略,鼓励就如何应对工作场所辱虐问题进行公开和诚实的对话,并授权受害者和第三方员工共同挑战辱虐性领导者。

参考文献

QIAO Y,ZHANG Z,JIA M,2021. Their pain,our pleasure:How and when peer abusive supervision leads to third parties' schadenfreude and work engagement[J]. Journal of Business Ethics,169:695 - 711.

第 5 章

企业社会责任(CSR)对利益相关者影响的实验研究

5.1 CSR 对投资者影响的实验研究

文章题目：

缓冲还是加剧？事前企业社会责任对企业社会责任缺失的影响研究（*Buffering or aggravating effect? Examining the effects of prior corporate social responsibility on corporate social irresponsibility*）。

文章作者：

张喆（西安交通大学）；龚汨嘉（西安交通大学）；张珊珊（西安交通大学）；贾明（西北工业大学）。

文章来源：

Journal of Business Ethics，2023，183：147－163.

https://doi.org/10.1007/s10551-022-05036-x.

文章概要：

先前关于利益相关者对具有高事前企业社会责任（CSR）的公司参与企业社会责任缺失（CSIR）反应的研究尚未取得一致性结果。为了探索这种不一致性，本研究关注了企业社会责任缺失（CSIR）的意向性差异可能带来的不同影响，利用认知失调理论来检验越轨企业社会责任缺失和意外企业社会责任缺失如何通过情绪（如：愤怒）和认知（如：道德判断）过程对投资者对具有高事前企业社会责任的公司的反应有何不同的影响。本研究通过两个实验研究揭示了高事前企业社会责任的双刃剑效应，其中，研究1是一个使用了面部表情分析技术——FaceReader的实验，研究2是一个情景实验。研究结果表明，在越轨企业社会责任缺失的情况下，高事前企业社会责任会加剧投资者的不良反应，引发更多愤怒及更多负面道德判断，对投资造成更多的负面影响，但在意外企业社会责任缺失的情况下，高事前企业社会责任则会对投资者的不良反应起到缓冲作用，导致更少愤怒及更少负面道德判断，对投资者带来更少的负面影响。此外，本研究还发现，当事前企业社会责任和企业社会责任缺失处于相同领域时（相较于不同领域情况），越轨企业社会责任缺失的加剧效应增强，而意外企业社会责任缺失的缓冲效应减弱。本研究的发现为不同类型企业社会责任缺失的情况下事前企业社会责任如何影响投资者反应提供了重要的理论和实践见解。

5.1.1 实验研究背景

高事前企业社会责任为企业创造了积极的道德资本和在利益相关者中的良好声誉，但关于它是缓冲还是加剧了企业社会责任缺失对企业的负面影响，先前研究并未取得一致性结果。部分研究表明，高事前企业社会责任有助于企业在利益相关者中积累商誉，以抵消对声誉、股票和债券价格的负面影响；但也有学者认为，高事前企业社会责任可能会加剧企业社会责任缺失对公司的负面影响。以往研究通过关注事前企业社会责任的差异性探究过这种不一致性，但却忽视了企业社会责任缺失的差异性可能带来的影响。鉴于企业社会责任缺失起源于企业内部，且其差异性在利益相关者对企业形成看法和判断时具有重要作用，表明了企业社会责任缺失为什么会发生以及如何发生，因此可通过区分企业社会责任缺失的客观性质来推断企业是否应受责备。本研究确定了两种类型的企业社会责任缺失(CSIR)：越轨 CSIR(即 CSIR 是故意和可控的，因此，该公司是有罪的)和意外 CSIR(即 CSIR 是无意且不可控的，因此，公司是没有责任的)。基于这些讨论，本研究关注了一个有趣的问题：为什么利益相关者对高事前企业社会责任企业参与企业社会责任缺失的反应是不一致的？并进一步针对"在发生越轨和意外企业社会责任缺失时，先前企业社会责任如何以及何时影响投资者的反应"开展了研究。

5.1.2　实验研究框架

根据认知失调理论，本研究认为高事前企业社会责任将起到双刃剑作用。本研究基于认知失调理论提出，在发生越轨企业社会责任缺失的情况下，高事前企业社会责任对投资者的反应产生了加剧效应(即导致更多的愤怒，更多的负面道德判断，以及对投资造成更多负面影响)；但在发生意外企业社会责任缺失的情况下，高事前企业社会责任对投资者的反应则会产生缓冲效应(即导致较少的愤怒，较少的负面道德判断，以及对投资产生较少的负面影响)。此外，本研究还认为在事前企业社会责任和企业社会责任缺失发生在同一领域时能够增强其对于越轨企业社会责任缺失带来的负面影响的加剧效应，以及削弱其在意外企业社会责任缺失情况下所起的缓冲效应。由此，本研究共计提出六个研究假设，具体假设及理论框架(见图 5-1)如下：

H1：当越轨企业社会责任缺失发生时，事前企业社会责任高的企业比那些企业社会责任低的企业具有更大的加剧效应，投资者会因此表现出更多的愤怒和负面的道德判断。

H2：当意外企业社会责任缺失发生时，事前企业社会责任高的企业比那些企业社会责任低的企业具有更大的缓冲效应，投资者会因此表现出更少的愤怒和负面的道德判断。

H3：针对越轨企业社会责任缺失，当先前企业社会责任和企业社会责任缺失发生在同一领域时，高先前企业社会责任对愤怒和负面道德判断的加剧效应比它们在不同领域时更强。

H4：针对意外企业社会责任缺失，当先前企业社会责任和企业社会责任缺失发生在同一领域时，高先前企业社会责任对愤怒和负面道德判断的缓冲作用比它们在不同领域时更弱。

H5：在越轨企业社会责任缺失的情况下，相同领域的先前企业社会责任和企业社会责任缺失调节了高先前企业社会责任通过愤怒和道德判断影响投资决策的间接关系。

H6：在意外企业社会责任缺失的情况下，相同领域的先前企业社会责任和企业社会责任缺失调节了高先前企业社会责任通过愤怒和道德判断影响投资决策的间接关系。

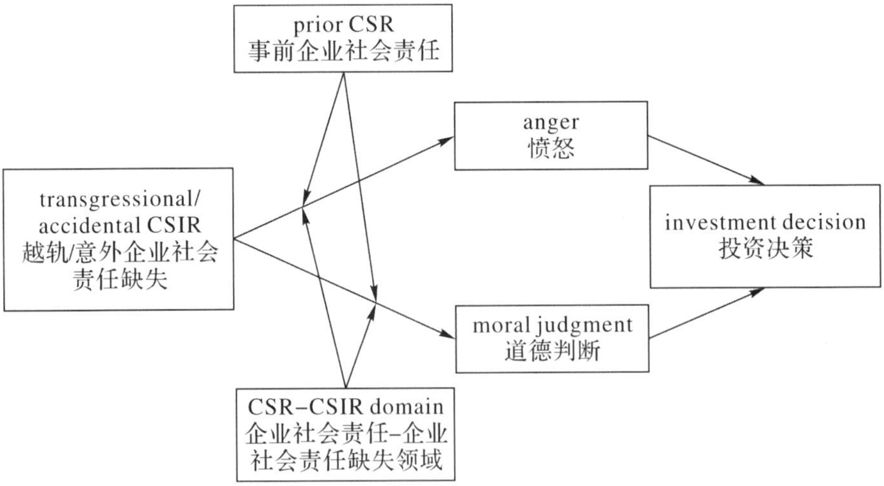

图 5－1　理论框架（一）

5.1.3　实验研究方法

本研究一共进行了两项实验研究，以检验所提出的理论模型。研究 1 为实验室实验，研究 2 为情景实验。具体来说，在研究 1 中，使用了面部表情分析技术——FaceReader 测试了高事前企业社会责任对投资者对越轨和意外企业社会责任缺失反应的作用。FaceReader 的面部表情分析技术可以在视频的基础上客观准确地检测个人的情绪。在研究 2 中，进一步测试了完整的理论模型，研究了在越轨和意外企业社会责任缺失的情况下，高事前企业社会责任对投资者反应的影响及可能边界条件。

1. 研究 1(实验室实验——FaceReader)

1)被试选择

被试为中国某大型高校的 60 名商科学生(本科生和研究生)，平均年龄约 23 岁，其中有 29 名男性，31 名女性。在进行实验前，本研究通过在该商学院官网上公布招募情况，解释了具体实验任务，并强调参与者须具有投资经验，并在最终开始实验前检查了参与者的学生证，以核实他们的背景真实性。

2)实验程序

实验共分为四步进行。

第一步：观看材料。

被试在正式开始实验前需要阅读实验背景材料。他们被材料告知要扮演一个潜在投资者的角色，且该投资者正在评估一家虚构的零售行业公司“TopReal Stores”。材料中给出了这家公司的背景：该公司主要销售打折的零售服装、鞋类、家居装饰品、珠宝和其他配饰。此外，被试会被告知在所有分组中均保持一致的基本财务信息。

第二步：被试分组。

为了研究企业社会责任缺失（CSIR）事件发生后，高事前企业社会责任（CSR）对投资者反应的影响，实验被试被随机分配到了2（越轨 CSIR 与意外 CSIR）×2（高先前 CSR 与平均先前 CSR）实验设计条件下的不同分组中。

第三步：实验操纵。

（1）事前 CSR 操纵。要求受试者阅读一份 CSR 报告的信息，该报告给出了去年 TopReal Stores 公司在行业中的 CSR 具体分数和排名。具体操纵方法为，参考 Guiral 等人（2020）的方法，通过在 CSR 报告的标题页上改变特定的 CSR 分数和行业排名来操纵以前（去年）的 CSR。设定背景为，根据国内 CSR 评级机构 Rankings CSR 的评估，CSR 总分 100 分，共计 56 家公司与 TopReal Stores 处于同一行业。高事前 CSR 和平均事前 CSR 的条件描述如下：

[高事前 CSR]根据上一年的企业社会责任（CSR）报告，TopReal Stores 在 CSR 方面整体表现良好，它们的总分是 83.6 分（行业平均分 65.0）。它们在该行业的 56 家企业中排名第三，TopReal Stores 在各方面的表现远高于行业平均 CSR。

[平均事前 CSR]根据上一年的企业社会责任（CSR）报告，TopReal Stores 在 CSR 方面的整体表现中等。他们的总分是 56.73（行业平均分 56.23）。它们在该行业的 56 家企业中排名第 28 位。TopReal Stores 在各方面的表现达到行业平均 CSR。

（2）CSIR 意向性操纵。在阅读了 CSR 信息后，要求被试进一步阅读一则上周 TopReal Stores 参与 CSIR 河流污染的新闻，以此为被试创建一个假想场景来分别操纵越轨 CSIR 和意外 CSIR。具体操纵方法为，参考 Kim 等（2018）的方法，通过改变材料特定表述来操纵越轨 CSIR 和意外 CSIR。越轨 CSIR 和意外 CSIR 的详细描述如下：

[越轨 CSIR]据《中国日报》报道，TopReal Stores 上周卷入了一起河流污染事件。在负面事件发生的前几天 TopReal Stores 的例行检查中，它们发现管道中有一条裂缝。该公司选择不立即修复破旧的设施，并在接下来的几天继续使用管道。结果管道破裂，30 吨废水流入 TopReal Stores 附近的河流中。政府因该事件的违法性质对其进行了处罚。

[意外 CSIR]据《中国日报》报道，TopReal Stores 上周卷入了一起河流污染事件。在负面事件发生的前几天 TopReal Stores 的例行检查中，它们发现了一条出现故障的管道。TopReal Stores 立即更换了管道，但新的管道因暴雨意外破裂，30 吨废水涌入 TopReal Stores 附近的河流中。政府因为这是一个偶然事件没有对其进行处罚。

第四步：实验后测。

参与者在电脑上的 Z-tree 平台中完成了一份问卷，问卷内容是关于事前企业社会责任和企业社会责任缺失的操纵检验、投资意愿和人口统计信息。

注意：被试情绪均在实验过程中由 FaceReader 软件记录及分析所得，录像是在被试同意的情况下进行的。

2. 研究 2(情景实验)

1)被试选择

被试为 416 名商科学生(本科和研究生)以及 MBA 学生，平均年龄约 26 岁，其中男性占比为 5%。被试被要求作为投资者的代理人来进行实验，以检验完整的理论模型。在进行实验前，本研究通过在该商学院官网上公布招募情况，解释了具体实验任务，所有被试均是了解相关信息后自愿参与本次实验的。被试平均选修了三门会计和两门金融课程，其中 45%的人具有股票或证券投资经验，65%的人计划在未来五年内进行相关投资。

2)实验程序

实验同样分为四步进行。

第一步:观看材料。

被试在正式开始实验前同样需要阅读实验材料,该刺激材料为一家虚构公司,以避免因熟悉而产生的混淆效应。他们被材料告知扮演一个潜在投资者的角色,且该投资者需要对一家虚构的信息技术公司"XYZ"的潜在投资进行评估。材料中给出了这家公司的背景:该公司专门从事技术相关产品,如台式机/笔记本电脑、服务器、打印机和计算器。此外,被试会被告知在所有分组中均保持一致的基本财务信息。

第二步,被试分组。

为了研究企业社会责任缺失(CSIR)事件发生后,高事前企业社会责任(CSR)对投资者反应的影响以及 CSR 与 CSIR 是否处于相同领域的调节作用,实验被试被随机分配到了 2(越轨 CSIR 与意外 CSIR)×2(高事前 CSR 与平均事前 CSR)×2(相同领域 CSR-CSIR 与不同领域 CSR-CSIR)实验设计条件下的不同分组中,探究了这些变量交互条件下对于参与者的情绪(关键中介变量)、道德判断(关键中介变量)和投资意愿(因变量)的影响。同时,在所有组中保持公司特征不变,以消除可能产生的影响。

第三步,实验操纵。

(1)事前 CSR 及是否与 CSIR 处于相同领域操纵。要求受试者阅读一份 CSR 报告的信息,该材料向被试提供了 2006 年至 2018 年 XYZ 公司的企业社会责任报告的虚构摘要,其中包括优秀的 CSR 行业表现(高事前 CSR)或中等的 CSR 行业表现(平均事前 CSR),以及事前 CSR 实施领域。具体操纵方法为,参考 Kim 等(2018)的方法,通过在 CSR 报告的标题页上改变特定的 CSR 分数和行业排名来操纵以前的 CSR。高事前 CSR 和平均事前 CSR 的条件描述如下：

[高事前 CSR——相同领域]根据 2006 年至 2018 年的 CSR 报告，XYZ 公司一直不遗余力地成为一家有社会责任的公司。例如，XYZ 公司发起了一个环保项目以节约用水。XYZ 公司还成立了环境保护基金，每年向一家致力于水污染防治的非营利组织捐赠 200 万元人民币(行业平均捐赠额：5 万元人民币)。XYZ 公司的企业社会责任得分远远超过行业平均水平。

[高事前 CSR——不同领域]根据 2006 年至 2018 年的 CSR 报告，XYZ 公司一直不遗余力地成为一家有社会责任的公司。例如，XYZ 公司在降低失业率方面表现出色。XYZ 公司每年捐赠 200 万元人民币(行业平均捐赠额：5 万元人民币)给一个致力于减少年轻专业人士失业和维护社会稳定的非营利组织。XYZ 公司的企业社会责任得分远远超过行业平均水平。

[平均事前 CSR——相同领域]根据 2006 年至 2018 年的 CSR 报告，XYZ 公司的整体表现处于平均水平。例如，XYZ 公司每年向一家致力于水污染防治的非营利组织捐赠 5.1 万元人民币(行业平均捐赠额：5 万元人民币)。XYZ 公司的企业社会责任得分表现平平。

[平均事前 CSR——不同领域]根据 2006 年至 2018 年的 CSR 报告，XYZ 公司的整体表现处于平均水平。例如，XYZ 公司在降低失业率方面的表现与行业平均水平相当。XYZ 公司每年向一家致力于减少年轻专业人士失业和维护社会稳定的非营利组织捐赠 5.1 万元人民币(行业平均捐赠额：5 万元人民币)。XYZ 的企业社会责任得分表现平平。

(2)CSIR 意向性操纵。在阅读了 CSR 信息后，被试同样被要求进一步阅读一则上周 XYZ 公司参与 CSIR 河流污染的新闻，以此为被试创建一个假想场景来分别操纵越轨 CSIR 和意外 CSIR。越轨 CSIR 和意外 CSIR 的详细描述如下：

［越轨 CSIR］据《中国日报》报道，XYZ 公司上周卷入了一起河流污染事件。在负面事件发生的前几天，XYZ 公司的例行检查发现管道有一条裂缝。该公司选择不立即修复破旧的设施，并在接下来的几天继续使用管道。结果，管道破裂，30 吨废水被倒入 XYZ 公司附近的河流中。政府处罚了 XYZ 公司，因为该事件具有违法性质。

［意外 CSIR］据《中国日报》报道，XYZ 公司上周卷入了一起河流污染事件。在负面事件发生的前几天，XYZ 公司声称在一次例行检查中发现了一条发生故障的管道。XYZ 公司立即更换了管道，但新管道因暴雨意外破裂，30 吨废水被倒入 XYZ 附近的河流中。政府没有惩罚 XYZ 公司，因为这是一个意外事件。

第四步：实验后测。

在阅读了这些情景后，被试完成了一份关于操纵检查先前企业社会责任、企业社会责任缺失、企业社会责任-企业社会责任缺失领域、被试愤怒情绪、道德判断、投资决策和其他人口统计信息的问卷。

5.1.4 实验研究结果

鉴于以往集中在利益相关者对企业社会责任缺失（CSIR）与企业社会责任（CSR）之间反应关系的研究尚未取得一致性结果，本研究从企业社会责任缺失不同的意向性角度探讨了这种不一致性存在的原因，通过检验越轨企业社会责任缺失和意外企业社会责任缺失是如何通过情绪和认知过程以及事前企业社会责任与企业社会责任缺失是否处于相同领域的调节作用不同地影响投资者对事前具有高企业社会责任的公司的反应，来调和先前不一致的结果。研究结果表明，高事前企业社会责任是一把双刃剑，它在越轨企业社会责任缺失发生时,对投资者的反应产生加重效应,使这些投资者感受到更多愤怒,做出更多的负面道德判断,并进一步对其投资决策产生更多的负面影响;但在意外企业社会责任缺失发生时,高事前企业社会责任会对投资者的负面反应产生缓冲效应,使这些投资者感受到较少愤怒,做出较少的负面道德判断,并最终对其投资决策产生较少的负面影响。此外,相较于事前企业社会责任和企业社会责任缺失处于不同领域的情况,当事前企业社会责任和企业社会责任缺失处于相同领域时,高事前企业社会责任对于越轨企业社会责任缺失所带来负面影响的加重效应会得到强化,而对于意外企业社会责任缺失所带来负面影响的缓冲效应会被削弱。

5.1.5 小结

本研究强调了更好地理解员工何时以及为何对企业社会责任做出负面反应的重要性,为越来越多地涉及事前企业社会责任与企业社会责任缺失之间关系的文献提供了参考,并在本次研究发现的基础之上向企业提出了可行的实践建议。本研究通过传统的情景实验与运用先进技术(FaceReader)的实验室实验相结合的做法,很好地保障了模型检验结果的有效性及可靠性,极具学习及参考价值。通过本篇文献实验研究的学习,获得的思考如下:

(1)合理利用实验研究有助于我们探究现实情况下难以解释的研究问题及验证相关机制。研究者可以在实验研究条件下,人为操纵理论框架涉及的自变量及调节变量水平,并能够较好控制其他可能影响变量,摒除噪声干扰。因此,当遇到现实中获取数据困难及无法论证因果关系等问题时,我们可以选择采用实验的方法来开展相关研究。

(2)实验应当遵循规范的流程,应当谨慎对待从实验设计开始到数据收集完成教学分析中的每一步。在实验设计阶段应当有理有据，参考成熟规范的实验流程及刺激材料进行实验设计；在招募被试阶段，应当注意披露相关信息（但须注意实验前不应透露实验的真实目的，以免干扰实验结果）以及保障招募的随机性；在实验进行阶段，须保障被试分组的随机性，还应当保障测量方法的一致性（当同时涉及前测和后测时）。一个规范的实验设计将有助于我们更好地展开研究。

（3）合理运用前沿的技术工具与传统测度相互印证，可以在丰富研究方法的同时，也使实验数据更加可信。虽然一般研究均会使用成熟量表且会进行信效度检验，但单纯使用量表的研究往往存在自我汇报偏差等问题，因此还是可能会受到测度准确性方面的质疑。此时，如果我们能够将合适的新技术和传统测度方法相互印证，可以保障数据结果的可靠性。本研究在研究 1 中运用 FaceReader 来测度愤怒情绪，在研究 2 中运用现有量表来测度，就是一个很好地使用新技术与传统测度相互印证的实践案例。

5.2 CSR 对员工心理及行为影响的实验研究

文章题目：

企业社会责任不是万能的：企业社会责任对厌恶和离职倾向的影响（*CSR is not a panacea*：*The influence of CSR on disgust and turnover intention*）。

文章作者：

张喆（西安交通大学）；胡雅婷（西安交通大学）；王娟（西北工业大学）。

文章来源：

Journal of Vocational Behavior，2020，140：103821.

https://doi.org/10.1016/j.jvb.2022.103821.

文章概要：

企业社会责任(CSR)常常被证明是激励员工的“灵丹妙药”，然而这个结论始终成立吗？为了挑战这种常识，本研究率先研究了在什么条件下企业社会责任会激发员工的厌恶情绪，并进一步导致员工产生离职意向。本研究基于厌恶的评价理论，建立了一个条件间接效应模型，提出了员工的马基雅维利主义和主管底线心态在员工面对企业社会责任事件时，会通过违反道德价值观的评价而产生的厌恶来削弱企业社会责任本该对离职倾向产生的负面影响。本研究的理论模型经过三项研究验证了研究假设，其中，研究1是一个情景实验，研究2是一个面部表情分析技术——FaceReader的实验室实验，研究3是一个多时段实证研究。研究结果表明，高马基雅维利主义的员工认为企业社会责任违背了他们的道德价值观，引发厌恶和离职倾向，主管底线心态也可能驱使员工负面评价企业社会责任，因为企业社会责任违背了他们的道德价值观。本研究的结果拓展了相关文献，为企业社会责任实践提供了理论依据。

5.2.1 实验研究背景

企业社会责任一直是理论界和实务界关注的重要话题。随着社会问题(如社会公正)在疫情暴发后变得日益突出，企业社会责任变得更加重要。学者们认为员工对企业社会责任的感知和评价会积极影响他们的心理及行为结果，相关研究结果也证明了企业社会责任对组织有益。因此，现有的企业社会责任研究达成了一个共识，即企业社会责任是所有组织的“灵丹妙药”。然而，达成这一共识可能为时过早，因为企业社会责任并不总被员工视为他们留在该组织的理由。相关研究和新闻报道都有显示，企业社会责任也会导致员工离职，一些公开倡导企业社会责任的公司同样出现了员工流失现象。

鉴于以前的研究试图探索企业社会责任与离职倾向之间的负相关关系，但企业社会责任何时以及为什么会适得其反并导致员工离职倾向仍不清楚，同时，考虑到人类的行为更有可能是由情感而非思考所驱动的，本研究认为从情感的角度探究 CSR 何时以及为什么不能留住员工是必要的。基于这些思考，本研究关注到了“企业社会责任为何以及何时会促进员工离职倾向？其中的边界条件和核心情感机制是什么？”这个有趣的问题，并针对该问题展开了深入研究。

5.2.2 实验研究框架

本研究通过厌恶评估理论解释了为什么企业社会责任可能导致员工有离职倾向，以及在什么条件下这一过程最有可能发生。根据厌恶评估理论，本研究将厌恶情绪确定为企业社会责任与员工离职意向之间的中介情感机制，因为厌恶作为一种典型的回避导向情绪，可以促使人们选择退出。同时，厌恶评估理论表明，个人特质和背景线索可以影响离职意向，因为它们可以通过将违反道德价值观的行为放大来影响员工对企业社会责任的厌恶程度。因此，本研究关注了员工的马基雅维利主义（即操纵他人以获取私利的行为倾向）作为个人因素的调节作用，同时，基于主管底线心态（即一个只注重底线结果的领导）的道德偏差性质可能与员工的企业社会责任相违背，探究了其作为一个背景因素的调节作用。具体来说，本研究认为当员工的马基雅维利主义程度较高时，员工更容易对于感知到的企业社会责任产生厌恶，进而引发离职倾向。此外，当主管底线心态较高时，员工可能会因为感知企业社会责任而感受到较高水平的厌恶感，从而提升其离职倾向。由此，本研究共计提出五个研究假设，具体假设及理论框架（见图 5－2）如下：

H1：当马基雅维利主义程度较高而非较低时，员工对企业社会责任的感知对其厌恶感的负面影响较弱。

H2：当马基雅维利主义程度较低而非较高时，员工对企业社会责任的感知对其厌恶感的负面影响较强。

H3：员工厌恶感与其离职意向正相关。

H4：员工厌恶在员工对企业社会责任的感知和员工马基雅维利主义对员工离职倾向的交互作用中起中介作用，当员工马基雅维利主义程度低时，这种间接作用为负；当员工马基雅维利主义程度高时，这种间接作用不存在。

H5：员工厌恶在员工对企业社会责任的感知和主管底线心态对员工离职倾向的交互作用中起中介作用，当主管底线心态低时，这种间接作用为负；当主管底线心态高时，这种间接作用不存在。

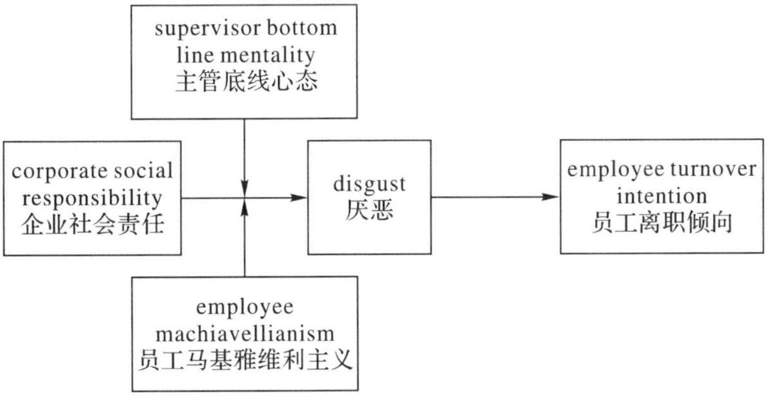

图 5－2　理论框架(二)

5.2.3　实验研究方法

为了增加整体理论模型的内部和外部有效性，本研究一共进行了三项研究来检验理论模型(包括两项实验研究和一项实证研究)。

其中，研究 1 为情景实验，研究 2 为实验室实验，研究 3 为时滞研究。具体来说，在研究 1 中，作者使用基于场景的方法来操纵 CSR 和主管底线心态(bottom line mentality，BLM)，通过排除外源性影响来检验假设。在研究 2 中，作者在研究 1 的基础上，进一步使用 FaceReader，一种高级的面部表情分析工具，复制了研究 1 中的实验。最后，在研究 3 中，作者进一步测试了完整的理论模型，从全职员工中收集了多时段数据，以检验整个模型的外部有效性。

1. 研究 1(情景实验)

1)被试选择

被试为来自中国西北某省的知名大学的 256 名本科生和研究生(其中 13 人因项目填答不完整或填写问卷时没有遵从正确的指导而被剔除)，故最终样本为 243 名。在最终的 243 名被试中，男性占43.6%，研究生占 66.7%，本科生占 33.3%；平均年龄约 22 岁。参与本研究的被试被保证在数据收集过程中遵循道德准则、保护信息隐私。

2)实验程序

实验同样分为四步进行。

第一步：观看材料。

一开始，参与者被要求想象他们在一家虚拟公司 A 工作，该公司是行业内的知名企业。

第二步：被试分组。

参与者被随机分为四组，条件为 2(CSR 感知水平：高与低)×2(主管 BLM 水平：高与低)设计。

第三步：实验操纵。

随后，他们被告知该公司的使命声明和他们的直接主管的角色，以操纵企业社会责任和主管 BLM 的认知水平。

(1)CSR操纵。要求受试者阅读一份CSR报告的信息,该材料向被试提供了一家虚拟公司——A公司的企业社会责任简介。具体操纵方法为,参考Ng等(2019)以及Wang等(2020)的方法,通过在CSR报告中改变CSR相关的特定表述来操纵CSR水平。高CSR和低CSR的条件描述如下:

[高CSR]经过多年的经营,A公司已经形成了完整的商业模式和经营规模,坚持"企业责任不仅是创造利润,更要保护和促进社会福利"的原则。A公司在促进经济发展、创造社会价值、保护环境、注重服务客户、引领创新方面做出了贡献。为此,A公司采取了许多行动,如在产品开发过程中考虑使用残疾人和保护消费者隐私。此外,A公司还积极参与公益事业,如每年将20%的利润捐给公益项目和慈善机构。A公司还坚持支持99%的员工志愿服务项目。此外,A公司还积极投入大量资金,倡导清洁能源,减少碳排放,以及参与其他环保行动。A公司不仅遵守了所有的环保法规,而且还超过了最低的法规要求,在行业内处于领先地位。

[低CSR]经过多年的经营,A公司始终坚持高效的原则,倡导"企业唯一的责任是实现利润最大化"的价值观。例如,A公司对所有设施进行监控,以确保生产力的高效。A公司参与公益事业一般,每年仅将0.01%的利润投资于当地项目和慈善机构,在慈善事业排行榜上排名靠后。A公司有选择地支持少数员工的志愿服务活动。此外,A公司只投入很少的资金来促进节能减排,仅遵守最低的环保法规要求。

(2)主管底线心态(BLM)操纵。本研究根据大多数文献所认同的定义,对主管底线心态的水平进行了操纵。同时,要求受试者阅读一份有过直属上司的主管底线心态的材料信息。高主管底线心态和低主管底线心态的条件描述如下:

[高主管 BLM]赵毅(化名)是一个只关心财务指标的领导。赵毅对商业利润极为关注,并竭力实现底线目标。赵毅总是强调,"我只关心我们在公司的表现。每个人都应该尽最大努力达到底线要求。这是我们最重要的任务"。这位主管倾向于关注短期财务状况,而忽略了长期的组织发展。赵毅喜欢在竞争激烈的工作环境中取得个人成功,认为底线结果是他晋升的途径。赵毅并不关心公司的其他要求,如员工利益和道德标准。这位主管可能会惩罚那些不与他/她合作的员工。

[低主管 BLM]赵毅是一个不仅关心财务目标,而且还关心公司其他优先事项的领导者,如组织的长期发展。赵毅并不只关心业务。除了试图达到公司的财务底线外,赵毅还关注其他竞争指标。赵毅一直强调,"我们不能只关注利润。这不是我们唯一的目标。我们的任务不仅仅是利润驱动"。这位主管有长远的眼光,不局限于追求短期利益。赵毅并不迷恋于竞争和取得个人成功。赵毅关注员工福利,不会对不同价值观的员工有偏见。

第四步:实验后测。

被试被要求完成操纵检查、厌恶、马基雅维利主义和离职意向的调查,之后填写了个人人口统计信息(例如,年龄、性别和教育)。

实验结束后,根据员工马基雅维利主义的中位数,参与者被人为地分为两组(员工马基雅维利主义水平:高与低),本研究进一步建立了另一个2(CSR认知水平:高与低)×2(员工马基雅维利主义水平:高与低)析因设计。

2. 研究2(实验室实验——FaceReader)

1)被试选择

在删除未能遵循实验指示的被试数据后,最终被试为85名来自中国西北某省的一所著名大学的学生(本科和研究生),平均年龄约21岁,其中男性占比为42.4%,本科占比为62.4%。被试被要求作为投资者的代理人来进行实验以检验完整的理论模型。在进行实验前,本研究通过在该大学商学院官网上公布招募情况,解释了具体实验任务,所有被试均是了解相关信息后自愿参与本次实验的。此外,为了客观准确地评估厌恶情绪,本研究采用了一个强大的面部表情分析系统(名为 Noldus FaceReader 6.0),通过使用 Z-tree 软件分析记录视频中参与者的面部表情来收集面部情绪数据。该软件可以自动分析个人面部图像,并能识别六种基本情绪:快乐、悲伤、愤怒、惊讶、害怕和厌恶,且可以检测中立情绪状态。在实验开始前,作者在征得参与者同意的情况下打开了电脑上的所有摄像头,告知参与者相关程序,并向被试做出了隐私保护的保证。

2)实验程序

实验同样分为四步进行。

第一步:观看材料。

参与者被要求想象他们是一家假想公司 A 的雇员,该公司是行业内的知名企业,他们的直接上司名叫赵毅(化名)。电脑上的情景材料可以在补充材料里查到。

第二步:被试分组。

与研究1相似,采用一个2(CSR 知觉水平:高与低)×2(主管 BLM 水平:高与低)设计的情景模拟实验,被试被随机分为四种虚拟条件中的一组。

第三步:实验操纵。

实验操纵与研究1一致。随后,被试被告知该公司的 CSR 情况以及他们的直接主管的特质,以操纵企业社会责任和主管 BLM 的认知水平。

(1)CSR 操纵。要求受试者阅读一份 CSR 报告的信息,该材料向被试提供了一家虚拟公司——A 公司的企业社会责任简介。具体操纵方法为,参考 Ng 等(2019)以及 Wang 等(2020)的方法,通过在 CSR 报告中改变 CSR 相关的特定表述来操纵 CSR 水平。高 CSR 和低 CSR 的条件描述如下:

[高 CSR]经过多年的经营,A 公司已经形成了完整的商业模式和经营规模,坚持“企业责任不仅是创造利润,更要保护和促进社会福利”的原则。A 公司在促进经济发展、创造社会价值、保护环境、注重服务客户、引领创新方面做出了贡献。为此,A 公司采取了许多行动,如在产品开发过程中考虑使用残疾人和保护消费者隐私。此外,A 公司还积极参与公益事业,如每年将 20%的利润捐给公益项目和慈善机构。A 公司还坚持支持 99%的员工志愿服务项目。此外,A 公司还积极投入大量资金,倡导清洁能源,减少碳排放,以及参与其他环保行动。A 公司不仅遵守了所有的环保法规,而且还超过了最低的法规要求,在行业内处于领先地位。

[低 CSR]经过多年的经营,A 公司始终坚持高效的原则,倡导“企业唯一的责任是实现利润最大化”的价值观。例如,A 公司对所有设施进行监控,以确保生产力的高效。A 公司参与公益事业一般,每年仅将 0.01%的利润投资于当地项目和慈善机构,在慈善事业排行榜上排名靠后。A 公司有选择地支持少数员工的志愿服务活动。此外,A 公司只投入很少的资金来促进节能减排,仅遵守最低的环保法规要求。

(2)主管底线心态(BLM)操纵。要求受试者阅读一份有过直属上司的主管底线心态的材料信息。本研究根据大多数文献所认同的定义,对主管底线心态的水平进行了操纵。高主管 BLM 和低主管 BLM 的条件描述如下:

[高主管BLM]赵毅(化名)是一个只关心财务指标的领导。赵毅对商业利润极为关注,并竭力实现底线目标。赵毅总是强调,“我只关心我们在公司的表现。每个人都应该尽最大努力达到底线要求。这是我们最重要的任务”。这位主管倾向于关注短期财务状况,而忽略了长期的组织发展。赵毅喜欢在竞争激烈的工作环境中取得个人成功,认为底线结果是他晋升的途径。赵毅并不关心公司的其他要求,如员工利益和道德标准。这位主管可能会惩罚那些不与他/她合作的员工。

[低主管BLM]赵毅是一个不仅关心财务目标,而且还关心公司其他优先事项的领导者,如组织的长期发展。赵毅并不只关心业务。除了试图达到公司的财务底线外,赵毅还关注其他竞争指标。赵毅一直强调,“我们不能只关注利润。这不是我们唯一的目标。我们的任务不仅仅是利润驱动”。这位主管有长远的眼光,不局限于追求短期利益。赵毅并不迷恋于竞争和取得个人成功。赵毅关注员工福利,不会对不同价值观的员工有偏见。

第四步:实验后测。

研究进行了操纵检查和离职意向调查,并要求被试填写了人口统计信息(例如,年龄、性别、教育)。

3. 研究3(时滞研究)

1)被试选择

在研究3中,被试为在中国西北某省份一所著名大学学习MBA课程的学生(均为全职员工),共计269名全职员工参与了此项为期两周的时滞研究,最终从其中251名员工处收集到了完整、匹配且可用的研究数据(有效回复率为93.3%)。在最终有效样本中,52.2%为男性,19.1%为30岁以下,52.6%为30～35岁,28.3%为35岁以上,他们的工作年限主要集中在5～10年。此外，被试中以基层员工及部门主管为主。

2)研究程序

第一步：第一阶段问卷发放。

在时间1，作者向员工发送了问卷，并调查了他们的感知企业社会责任、主管底线心态、员工马基雅维利主义、厌恶和控制变量。被试在填写问卷前被告知调查目标并被保证其隐私会得到保护。

第二步：第二阶段问卷发放。

在两周后(即时间2)，作者通过向上次参与调研的被试进一步发放问卷，收集了离职意向数据。被试在填写问卷前同样已被告知调查目标并被保证其隐私会得到保护。

5.2.4 实验研究结果

本研究基于厌恶的评价理论，从情感的角度出发，丰富了对微观企业社会责任对员工结果产生混合影响的心理机制的理解，论证了在一定条件下企业社会责任也会导致负面结果(即厌恶和离职意向)。本研究首先基于一项情景实验验证了当主管底线心态较高时，员工可能会对于企业社会责任产生更多的厌恶，进而导致离职倾向提高；而后通过研究2的实验室实验，运用客观情绪数据(即FaceReader软件采集的情绪数据)复刻了研究1的发现；最后，作者设计了一个时滞调查(研究3)，在复刻研究1、研究2结果的同时，成功地检验了员工马基雅维利主义的调节效应，具体来说，当员工的马基雅维利主义程度较高时，企业社会责任会引发员工的厌恶情绪，进而提升员工的离职倾向。简而言之，本研究的结果表明：高马基雅维利主义的员工会认为所在组织履行企业社会责任违背了他们的道德价值观，进而引发了他们的厌恶和离职倾向；主管底线心态同样可能导致员工认为企业社会责任违背了他们的道德价值观,并因此对于企业社会责任产生负面反应。

5.2.5 小结

本研究强调了更好地理解员工何时以及为何对企业社会责任做出负面反应的重要性,并基于研究发现向管理者提出了切实可行的建议。本研究通过实验与实证相结合的做法,很好地实现了内部有效性和外部有效性的互补,保障了模型检验结果的内、外部有效性,极具学习及参考价值。通过本篇文献实验研究的学习,可获得的思考如下:

(1)在进行研究设计时,应当根据研究需求及现实情况选择使用实验方法、实证分析或二者结合。在实验研究中,研究者能够人为操纵自变量及调节变量,并控制其他可能影响变量,能很好解决现实中数据获取困难及无法论证因果关系的问题,且能够保证研究结果的内部有效性,但由于实验研究数据生成过程是人为干预的结果,可能影响其在现实情景下的可推广性。实证分析则具有较好的外部有效性,因为相关数据均是在无干预、现实情景下产生的。因此,最理想的状态是可以如本研究一样,将实验与实证相结合,以兼顾研究结果内、外部有效性,但实际研究中有些数据很难从现实环境中获取,因此部分情况下我们无法引入实证分析。

(2)在实验中运用合适的前沿技术工具能够使所收集的数据及研究结果更加可靠。随着科学技术的发展,实验研究的数据收集方法也应当与时俱进,新技术和传统方法相辅相成、相互印证能够更好地保障数据结果的可靠性。本研究运用 FaceReader 来测度厌恶情绪就是一个很好的新技术用于实验的实践案例。

5.3 不同类型 CSR 对员工心理及行为影响的实验研究

文章题目：

企业社会责任如何调节分配不公平与组织报复的关系：道义正义视角（*How corporate social responsibility moderates the relationship between distributive unfairness and organizational revenge*：*A deontic justice perspective*）。

文章作者：

邓伟（西北工业大学）；贾明（西北工业大学）；张喆（西安交通大学）。

文章来源：

Chinese Management Studies，2022.

https://doi.org/10.1108/cms-09-2021-0400.

文章概要：

本研究关注了不同类型（内/外部）的企业社会责任（CSR）对分配不公平和组织报复行为之间关系的不同调节作用以及负面情绪在分配不公平影响组织报复行为过程中的中介作用。为明确其间关系，本研究进行了两项研究，其中，研究 1 是一项情景研究，测试了不同水平的内/外部企业社会责任的调节效应；研究 2 通过一项基于最新面部表情分析技术——FaceReader 的实验室实验对比了内/外部的企业社会责任的调节作用，并检验了负面情绪的中介作用。研究结果表明，内部企业社会责任通过负面情绪缓冲了分配不公和组织报复行为之间的关系，而外部企业社会责任的调节作用并不显著。此外，与外部企业社会责任相比，分配不公平在内部企业社会责任条件下诱发的负面情绪更少。本研究的发现丰富了关于不公平与组织报复行为之间关系的文献，通过考察两种企业社会责任的调节效应调和了先前关于负面事件发生时员工对企业社会责任反应的不一致的发现，且通过集成最新的面部表情分析技术和PANAS量表为测量情绪提供了方法启示，并为公司治理及预防组织报复行为提供了理论参考。

5.3.1　实验研究背景

现有研究表明，组织不公平是引发组织报复行为的核心决定因素之一。在中国，儒家哲学同样强调财富的平等分配和社会和谐，“不患寡患不均”的观念深入人心。在中国正值转型的经济环境中，组织不公平，尤其是分配不公平，日益突出且不可逆转，这无疑违背了传统哲学的和谐价值观，破坏了组织内部的和谐。此外，大量研究表明，情绪是不公正感知引发员工行为结果的核心机制，当员工受到不公平待遇时，不愉快的负面情绪（如愤怒或道德义愤）会自然自动地出现，而这些心怀不满的员工可能会采取报复行为，以试图减少他们在工作中的负面情绪及恢复公平。然而，目前对如何有效地安抚员工因分配不公而引发的负面情绪，从而减轻工作场所组织报复行为的认识是有限的。同时，在组织和战略研究中，企业社会责任作为一种员工治理工具在减轻员工不良行为方面的作用日益获得认可，然而以往研究通常只是笼统地研究企业社会责任能否缓和员工对于负面事件的负面反应，缺乏不同企业社会责任类型的区分（根据企业社会责任的受益者，它可以分为两类：外部和内部企业社会责任），故而并未取得一致性结论。由此，基于当前研究局限及分别考察不同类型企业社会责任对员工不同影响的必要性，本研究针对“不同类型的企业社会责任是否，以及如何对于分配不公平与员工的情绪以及组织报复行为反应产生不同的影响”这一问题展开了研究。

5.3.2 实验研究框架

本研究采用道义正义理论解释了两种类型的企业社会责任(即内部、外部企业社会责任)如何调节分配不公与员工的组织报复行为之间的关系。道义正义理论认为正义是一种普遍的人际行为规范,个人不仅关心自己如何被第三方正义对待,还会对他人如何被第三方正义对待做出反应。鉴于内部企业社会责任活动表现为一种关系激励并能够引发员工对于互动公平和程序公平的感知,参与高水平的内部企业社会责任活动可以补偿该员工感知到的分配不公并缓解其负面情绪反应,从而最终减少其组织报复行为。另外,外部企业社会责任活动通常会引发第三方的公正认知,这一认知与分配不公平将产生冲突并引起员工对于所在组织产生虚伪的看法,因此参与高水平的外部企业社会责任活动将会加强该员工对于分配不公的负面情绪反应。总而言之,本研究认为,分配不公平会通过激发员工负面情绪引发员工的组织报复行为,这一影响关系将会被内部企业社会责任削弱,而被外部企业社会责任加强。由此,本研究共计提出四个研究假设,具体假设及理论框架(见图 5-3)如下:

H1:内部企业社会责任调节分配不公和负面情绪之间的积极关系,因此当内部企业社会责任较高而非较低时,这种关系较弱。

H2:外部企业社会责任调节分配不公和负面情绪之间的积极关系,因此当外部企业社会责任较高而非较低时,这种关系更强。

H3:分配不公平通过激发负面情绪对组织报复行为的间接积极影响受到内部企业社会责任的调节,因此当内部企业社会责任较高而非较低时,这种间接关系较弱。

H4:分配不公平通过激发负面情绪对组织报复行为的间接积极

影响受到外部企业社会责任的调节,因此当外部企业社会责任较高而非较低时,这种间接关系更强。

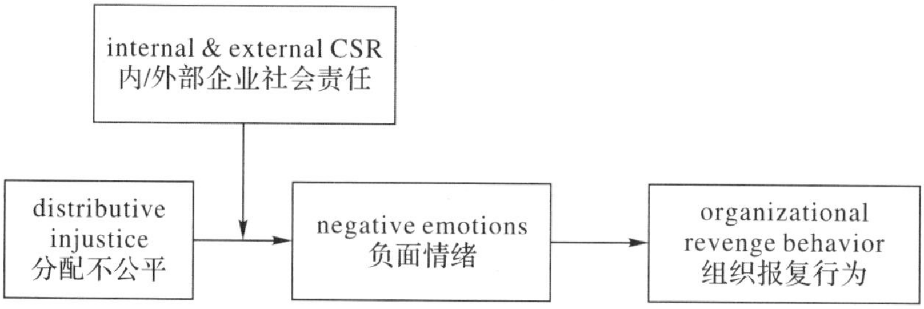

图 5-3　理论框架(三)

5.3.3　实验研究方法

本研究一共采用了两项实验研究来测试所提出的理论模型。其中,研究1是一项基于情景的图片实验,操纵不同水平的内部(外部)企业社会责任,以检验不同水平的内部(外部)企业社会责任对非全日制MBA学生(全职员工)样本在分配不公平关系中的调节作用;研究2则是一个基于情景的实验室实验,以高年级研究生为样本,检验不同类型(内部及外部)企业社会责任的调节效应。本研究通过情景材料操纵了不同类型的企业社会责任(内部或外部),并通过最新的面部表情分析技术(即FaceReader 5.0)检测到的负面情绪探究了负面情绪的中介作用。

1. 研究1(情景实验)

1)被试选择

被试为501名中国某大型公立大学非全日制MBA班的学生(全职员工),平均年龄约36岁,其中男性占比为61.08%,平均工作年限为8.2年。在进行实验前,被试已经获得了具体实验任务的解释,所有被试均是了解相关信息后自愿参与本次实验的。

2)实验程序

本研究使用了一个2(分配不公平:高与低)×4(内部CSR:高与低;外部CSR:高与低)的析因设计。

情景实验包括以下四个部分。

第一步:观看材料。

参与者被要求把自己想象成A公司的一名雇员,A公司是一家活跃的国内信息技术公司。注意:基本的财务信息在所有情况下都是相同的。

第二步:被试分组。

被试被随机分配到2(分配不公平:高与低)×4(内部CSR:高与低;外部CSR:高与低)的八个实验条件中的一个。

第三步:实验操纵及操纵检验。

(1)分配公平操纵。要求被试阅读一份关于分配是否公平的文字材料。本研究参考了Rupp等(2013)的方法,对该公司的分配是否公平进行了操纵(向每个被试描述公司提供的工资是否公平)。分配公平和分配不公平的条件描述如下:

[分配公平]该公司员工的工资往往比行业平均工资高10%。

[分配不公平]该公司员工的工资往往比行业平均工资低10%。

在阅读上述信息后,被试被要求根据所提供的情景评估感知到的分配不公的程度。

(2)内/外部CSR操纵。向被试展示与A公司的企业社会责任评估相关的描述材料。本研究遵循先前研究(Zhang et al.,2022)的方法,通过改变外部评级机构提供的具体CSR核心维度和排名来操纵不同水平的内部(外部)CSR。高内(外)部CSR与低内(外)部CSR的条件描述如下:

［高内部 CSR］A 公司在内部沟通、医疗保健、职业培训和发展、平等就业等维度上，在同行业中的排名为第 2 名(共 105 家公司)，远高于行业平均得分。

［低内部 CSR］A 公司在内部沟通、医疗保健、职业培训和发展、平等就业等维度上，在同行业中的排名为第 103 名(共 105 家公司)，远低于行业平均得分。

［高外部 CSR］A 公司在环境保护、慈善捐赠和客户服务等维度上，在同行业中的排名为第 2 名(共 105 家公司)，远高于行业平均得分。

［低外部 CSR］A 公司在环境保护、慈善捐赠和客户服务等维度上，在同行业中的排名为第 103 名(共 105 家公司)，远低于行业平均得分。

在阅读上述信息后，被试被要求评估感知的内部(外部)企业社会责任水平。

第四步：实验后测。

被试被要求评估他们负面情绪，对该组织实施组织报复行为的倾向，以及填写他们的人口统计信息。

2. 研究 2(实验室实验——FaceReader)

1)被试选择

被试为来自西北地区某著名大学的 108 名高年级研究生，平均年龄约 22 岁，其中女性占比为 67.3%，平均工作年限为 5.32 个月。高年级研究生是有资格参加本次实验的，因为他们正在寻找工作或准备进行工作相关实习(先前的研究也证实了研究生作为适当替代品的有效性)。在进行实验前，被试已经获得了具体实验任务的解释，所有被试均是了解相关信息后自愿参与本次实验的。

2)实验程序

本研究采用了一个 2(分配不公平:低 vs 高)×2(内部与外部 CSR)的受试者间设计。

情景实验包括以下四个部分。

第一步:观看材料。

参与者被要求坐在一个单独的房间里,想象自己是国内企业 A 的实习生,在那里他们可以加入一个团队完成实习任务。实习有一个与绩效相关的薪酬,根据公司设定的具体收入分配比例计算。每个团队由一个主管和一个下属组成,后者被分配了参与者的角色(团队和主管是虚拟的)。

第二步:被试分组。

被试被随机分配到四个实验条件中的一个。

第三步:实验操纵及操纵检验。

实验场景是根据分配公平性和 CSR 条件编写的。

(1)分配公平操纵。该实验同样参考了 Rupp 等(2013)的方法,要求被试阅读一份关于分配是否公平的文字材料,以实现对该公司的分配是否公平进行操纵(向每个被试描述公司提供的工资是否公平)。分配公平和分配不公平的条件描述如下:

[分配公平]团队内部主管和下属之间的收入分配比例为 5∶5。

[分配不公平]团队内部主管和下属之间的收入分配比例为 8∶2。

在阅读上述信息后,被试被要求根据提供的情景评估感知到的分配不公平的程度。

(2)内/外部 CSR 操纵。该实验进一步向被试展示与 A 公司发起的内部或外部 CSR 活动相关的描述材料,以实现对于内/外部 CSR 的操纵。内(外)部 CSR 的条件描述如下:

[内部 CSR]A 公司为所有员工提供平等的就业机会，关注他们的职业健康、培训体系、内部职业发展渠道，利用先进的信息管理工具帮助他们规划职业发展，实现公司和员工的共同发展。通过开展一系列丰富多彩的活动，A 公司试图保障其员工的身心健康。

[外部 CSR]A 公司积极推进节能环保，建立并实施严格的环境管理标准和环境管理体系，重视产品质量安全，保护客户的基本权益。此外，A 公司还积极参与慈善捐赠、地方救援、基础设施建设等社会公益事业。

在阅读上述信息后，被试被要求评估感知到的内部(外部)企业社会责任水平。

第四步：实验后测。

要求被试评估他们对组织实施组织报复行为的倾向，以及填写他们的人口统计信息。

注意：所有被试的负面情绪由 FaceReader 软件记录及分析所得，且在被试同意的情况下从实验开始到结束对其进行录像。

5.3.4　实验研究结果

这项研究通过操纵高水平和低水平的内部(外部)企业社会责任情景，检验了内部(外部)企业社会责任在分配不公平的情境下对员工的情绪及行为产生影响过程中的调节效应。研究 1 的结果表明：内部企业社会责任通过负面情绪削弱了分配不公平与公平之间的关系。然而，外部企业社会责任的调节效应不成立。研究 2 中进一步通过一项实验室实验，借助最新的面部表情分析技术(FaceReader)检测了参与者的负面情绪，比较了内/外部企业社会责任对分配不公平和负面情绪之间关系所起到的调节作用。研究结果进一步证明了内部企业社会责任在缓解分配不公平对负面情绪的激励方面更有效，因此内部企业社会责任能够比外部企业社会责任更好地缓和分配不公平对于员工的组织报复行为的影响。

5.3.5 小结

本研究通过两项实验研究严格地检验了不同类型企业社会责任刺激情景下分配不公平与员工的负面情绪及组织报复行为之间的因果关系，有助于企业管理者加强员工治理及制定更有效的干预政策和制定相应的应对机制，以预防可能发生的报复行为。本研究通过结合不同的实验方法和样本来源，保障了本研究理论模型检验结果的有效性和可靠性，极具学习及参考价值。通过本篇文献实验研究的学习，可获得的思考如下：

(1)在多研究设计的情况下，实验之间除了简单的相互验证，还可以根据实际分析结果不断改进和优化实验。合理优化实验能够帮助我们更好地验证研究所涉及的理论假设，同时也可以避免不必要的资源浪费。本研究就是一个很好的参考，因为其研究 2 就是在研究 1 的基础上删繁就简，更加简洁地检验了内(外)部企业社会责任的调节作用。

(2)在实验数据收集中，不断发掘及灵活运用软件功能有助于更好地开展研究。例如，FaceReader 的运用不仅限于测度离散情绪，该软件同样可以用于测度汇总情绪。本研究便向我们展示了 FaceReader 不同于前两项研究的另一种用法，即研究者可以将其测度的离散情绪汇总成负面情绪这样的情绪集合。本研究向我们展示了，当我们的研究变量涉及笼统的正面或负面基本情绪时，同样可以运用 FaceReader 来开展相关研究，是灵活运用新兴技术软件(如 FaceReader)功能的良好范式。

5.4　CSR 对员工认知及行为影响的实验研究

文章题目：

企业社会责任的回声：企业社会责任如何以及何时影响员工的促进性和抑制性建言？（*Echoes of corporate social responsibility: How and when does CSR influence employees' promotive and prohibitive voices?*）。

文章作者：

王娟（西安交通大学）；张喆（西安交通大学）；贾明（西北工业大学）。

文章来源：

Journal of Business Ethics, 2020, 167: 253 - 269.

https://doi.org/10.1007/s10551-019-04151-6.

文章概要：

尽管先前已有部分研究探讨了促进及抑制性建言的前因，但只有极少数研究关注到组织背景因素的作用，且缺乏对于企业社会责任(CSR)这一积极因素的识别与讨论。基于此，本研究根据道德氛围理论和道德氛围的多重体验模型，研究了企业社会责任(CSR)是否、如何以及何时增加促进性建言和抑制性建言。本研究通过一项收集两时点数据的时滞研究和一项情景实验研究（补充分析）检验了所提出的理论模型。研究结果显示，企业社会责任与员工的促进及抑制性建言均呈正相关关系；关注他人和关注自我的氛围在企业社会责任和两种类型的建言（即促进性建言和抑制性建言）之间的关系中起中介作用。此外，谦卑型领导调节了企业社会责任与关注他人的氛围之间的正向关系，以及企业社会责任与自我关注氛围之间的负向关系。由此，谦卑型领导也调节了企业社会责任和两种类型建言之间通过以他者为中心和关注自我的氛围的间接影响。本研究的发现为企业社会责任如何以及何时影响员工声音提供了重要的见解。

5.4.1 实验研究背景

员工建言在推动组织生存和发展方面的价值日益凸显，相关研究同样证实了“畅所欲言”能为组织带来积极结果。员工建言涉及两个维度：促进性建言（表达新的想法或建议，以改进工作实践）和抑制性建言（对现有或即将发生的工作事件或对公司具有破坏性的行为表达担忧）。因此，了解公司如何鼓励员工进行促进性和抑制性建言势在必行。目前已有部分研究探讨了影响建言的前因变量，但对于组织背景因素的关注相对缺乏，尤其值得注意的是，企业社会责任（CSR）这一已被证实能够激励员工积极态度及行为的积极组织背景因素对于员工建言的影响尚未得到探索。同时，组织伦理氛围的类型（关注他人氛围、关注自我氛围）取决于组织的性质和背景，而这些不同类型的伦理氛围又在员工的后续行为中发挥着重要作用；而领导者与员工有非常直接的互动，在帮助员工诠释组织情景信息方面发挥着重要作用，谦卑型领导受到企业伦理研究领域的关注日益增长，那么，组织伦理氛围及谦卑型领导能否成为企业社会责任与员工建言之间的潜在机制及边界条件呢？现有研究同样尚未做出回复。因此，鉴于探索企业社会责任是否鼓励员工建言具有重要的理论意义及实践价值，本研究针对“企业社会责任是否、如何以及何时能够影响员工的促进性和抑制性建言”这一研究问题展开了研究。

5.4.2 实验研究框架

本研究基于伦理氛围理论，提出企业社会责任（CSR）能够通过塑造不同类型的伦理氛围（关注他人和关注自我氛围），进而影响员工后续的行为（促进性和抑制性建言），且通过引入两种不同类型的组织伦理氛围(关注他人和关注自我氛围),揭示了 CSR 影响员工不同建言行为(促进性和抑制性建言)的双路径作用机制。此外,本研究根据伦理氛围的多体验模型,考虑了谦卑型领导在企业社会责任影响伦理氛围方面发挥的作用。总而言之,本研究认为,企业社会责任会激发员工促进性及抑制性建言,伦理氛围(关注他人和关注自我氛围)在该过程中起中介作用,且这一影响关系将会被谦卑型领导调节。由此,本研究提出了十二个研究假设,具体假设及理论框架(见图 5-4)如下:

H1a:企业社会责任对促进性建言具有正向影响。

H1b:企业社会责任对抑制性建言具有正向影响。

H2a:关注他人氛围在企业社会责任与促进性建言之间起中介作用。

H2b:关注他人氛围在企业社会责任与抑制性建言之间起中介作用。

H2c:关注自我氛围在企业社会责任与促进性建言之间起中介作用。

H2d:关注自我氛围在企业社会责任与抑制性建言之间起中介作用。

H3a:谦卑型领导增强了企业社会责任与关注他人的氛围之间的正向关系,因此当谦卑型领导水平高(相对于低)时,这种正向关系会更强。

H3b:谦卑型领导增强了企业社会责任与关注自我的氛围之间的负向关系,因此当谦卑型领导水平高(相对于低)时,这种负向关系会更强。

H4a:谦卑型领导能够增强关注他人氛围在企业社会责任与促进性建言之间所起的中介作用。

H4b:谦卑型领导能够增强关注他人氛围在企业社会责任与抑制性建言之间所起的中介作用。

H4c:谦卑型领导能够增强关注自我氛围在企业社会责任与促进性建言之间所起的中介作用。

H4d:谦卑型领导能够增强关注自我氛围在企业社会责任与抑制性建言之间所起的中介作用。

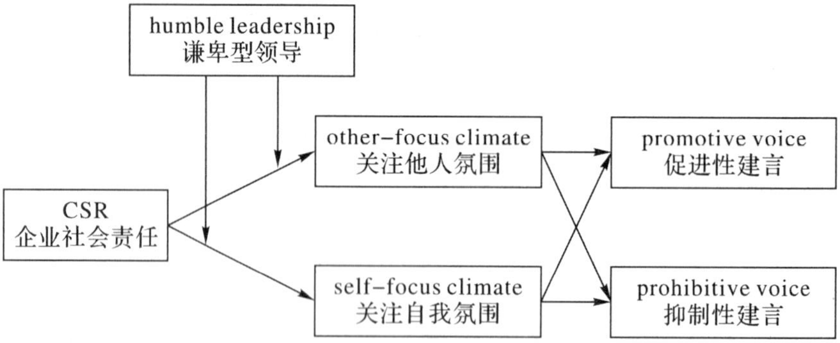

图 5-4　理论框架(四)

5.4.3　实验研究方法

本研究采用了一项收集两时点数据的时滞研究和一项情景实验研究(补充分析)来测试所提出的理论模型。其中,主研究是一项分两时点收集数据的时滞研究,补充分析是一项情景实验。具体来说,在主研究中,作者测试了完整的理论模型,从全职员工中收集了多时段数据,以检验整个模型的外部有效性;在补充分析中,进一步使用基于场景的方法来操纵企业社会责任(CSR)和谦卑型领导,通过排除外源性影响来进一步检验研究假设。

1. 主研究(时滞研究)

1)被试选择

此项为期两周的时滞研究的被试为来自中国西北地区一所著名大学的 MBA 学生(均为全职员工),剔除无效问卷后,最终样本由共计 382 名全职员工组成。在最终有效样本中,62.65%为男性,37.35%是女性;大约 55%拥有学士学位,45%拥有硕士或博士学位。此外,61.24%的被试年龄在 30 岁以下,29.67%的被试在 30 岁至 35 岁之间,只有 9.09%的被试在 35 岁以上。

2)研究程序

第一步:第一阶段问卷发放。

在时间 1,作者向员工发送了问卷,并调查了他们的感知企业社会责任、谦卑型领导、关注自我氛围、关注他人氛围以及控制变量。每份问卷中都附有调查目的说明,并向被试保证了研究数据的保密性,所有被试均为自愿参与。

第二步:第二阶段问卷发放。

在两周后(即时间 2),作者通过向上次参与调研的被试进一步发放问卷,收集了促进性建言及抑制性建言数据。每份问卷中都附有调查目的说明,并向被试保证了研究数据的保密性,所有被试均为自愿参与。

2. 补充分析(情景实验)

1)被试选择

此项实验的被试为来自中国西北地区一所大型大学的 248 名 MBA 学生(均为全职员工)。被试的平均年龄约为 29 岁,其中,26.61%为女性,73.39%为男性,此外,他们的平均工作年限为 5.91 年。

2)实验程序

本研究采用了一个2(高水平CSR vs 低水平CSR)×2(高水平谦卑型领导 vs 低水平谦卑型领导)的受试者间设计。

情景实验包括以下三个部分。

第一步:被试分组。

被试被随机分配到四个实验条件中的一个。

第二步:观看实验操纵材料。

参与者被要求阅读有关"A公司"的一段描述材料,这段描述材料操纵了企业社会责任(CSR)和谦卑型领导的水平。在阅读完相关描述材料后,被试被要求想象自己在"A公司"工作。

(1)企业社会责任操纵。我们遵循了现有的文献(Rupp et al.,2013;Ng et al.,2019)在情景中从社区目标CSR、环境目标CSR和内部CSR的角度操纵CSR。

[高CSR]A企业一贯秉承着"企业责任不只是创造利润,还包括保护和增进社会福利"的价值观。在慈善捐赠方面,A企业积极参与公益慈善事业,每年将企业20%的利润捐赠给当地的社区公益项目(如捐资助学等)和各类慈善机构,在慈善企业排行榜中常年位居榜首。此外,A企业全力支持员工的志愿服务活动。例如,该企业去年支持了99%的志愿服务活动。在环境保护方面,A企业每年都积极投入大量的资金以推进节能减排和环境保护活动。A企业不仅遵守所有适用的环境法规,而且超越最低监管标准,以确保其环保实践在行业中处于领先地位。

[低CSR]A企业一贯秉承着"企业唯一的社会责任就是利润最大化"的价值观。A企业每年将企业0.01%的利润捐赠给当地的社区公益项目(如捐资助学等)和各类慈善机构,在慈善企业排行榜中排名倒数第一。此外,A企业选择性地支持部分员工志愿服务活动。

例如,该企业去年支持了10%的志愿服务活动。在环境保护方面,A企业每年投入极少量资金以推进节能减排和环境保护活动。该企业仅遵守部分最低的环境法规,其环保实践在行业中长期处于落后地位。

(2)谦卑型领导操纵。我们根据现有文献中结构的主要概念化来操纵谦卑的领导。

[高谦卑型领导]假如您是A企业的一名员工,张一(化名)是您的领导。您发现他具有以下特征:他相信世界上存在比自己更伟大的事物,所有人都是宇宙中的一小部分。他能够充分认识到自己的优点和缺点,敢于承认自己的不足和局限性。他经常赞赏和表扬他人的优点和贡献。并且,他非常乐意向别人学习,对他人的想法持开放态度,经常主动向员工寻求反馈和意见。他在生活中具有强烈的个人使命感,他会花大量时间和精力去参与改善社会福祉的活动。但是,他的行为方式非常低调,不喜欢引起别人的关注,对获得声誉也不感兴趣。

[低谦卑型领导]假如您是A企业的一名员工,张一(化名)是您的领导。您发现他具有以下特征:他相信自己是世界的中心,世界上没有比自己更伟大的事物。他不能充分认识到自己的优点和缺点,很少承认自己的不足和局限性。他很少赞赏和表扬他人的优点和贡献。并且,他不愿向别人学习,很少寻求员工的反馈和意见。他在生活中几乎没有个人使命感,偶尔会花极少时间和精力去参与改善社会福祉的活动。他的行为方式非常高调,喜欢吸引别人的关注,热衷于追求个人声誉。

第三步,实验后测。

在完成情景材料阅读后,被试须完成操纵性检验,并完成关注他人氛围、关注自我氛围和控制变量(例如,年龄、性别和工作年限)等变量的测量。

5.4.4 实验研究结果

这项研究旨在研究企业社会责任是否、如何以及何时增加员工的促进及抑制性建言，通过实证（时滞研究）与实验（情景实验）结合的方法，检验了相关研究假设。研究结果表明，企业社会责任对于员工的促进性建言和抑制性建言均具有正向影响；道德氛围（即关注他人氛围和关注自我氛围）在企业社会责任与员工建言的关系中起到了中介作用；谦卑型领导通过增强企业社会责任与关注他人氛围的正向关系和增强企业社会责任与关注自我氛围的负向关系，增强了企业社会责任对于员工促进性及抑制性建言的正向间接影响。

5.4.5 小结

本研究通过实证与实验相结合的方法，保障了理论模型检验结果的内、外部有效性，严格地检验企业社会责任对于员工建言的影响及其间潜在机制与边界条件，为企业社会责任如何以及何时影响员工的建言提供了重要的见解，为管理者提出了可行的实践建议，极具学习及参考价值。通过本篇文献实验研究的学习，可获得的思考如下：

实证与实验相结合能够在更大程度上提高结果的可靠性。虽然实证研究更加契合实际，具有更高的外部有效性，但是无法验证变量间因果关系，实验研究刚好弥补了这部分缺憾。例如，本研究作者人为操纵了自变量（企业社会责任）及调节变量（谦卑型领导），以观察由此引起的中介（道德氛围）及因变量（建言）变化，以便能够使自变量与因变量间的因果关系被人信服，使研究结论内部有效性提高。

参考文献

DENG W, JIA M, ZHANG Z, 2022. How corporate social responsibility moderates the relationship between distributive unfairness and organizational revenge: A deontic justice perspective [J]. Chinese Management Studies.

KIM S, CHOI S M, 2018. Congruence effects in post-crisis CSR communication: The mediating role of attribution of corporate motives[J]. Journal of Business Ethics, 153(2): 447 - 463.

NG T W H, YAM K C, AGUINIS H, 2019. Employee perceptions of corporate social responsibility: Effects on pride, embeddedness, and turnover[J]. Personnel Psychology, 72(1): 107 - 137.

RUPP D E, SHAO R, THORNTON M A, et al, 2013. Applicants' and employees' reactions to corporate social responsibility: The moderating effects of first-party justice perceptions and moral identity[J]. Personnel Psychology, 66(4): 895 - 933.

WANG J, ZHANG Z, JIA M, 2020. Echoes of corporate social responsibility: How and when does CSR influence employees' promotive and prohibitive voices? [J]. Journal of Business Ethics, 167: 253 - 269.

ZHANG Z, GONG M, ZHANG S, et al, 2023. Buffering or aggravating effect? Examining the effects of prior corporate social responsibility on corporate social irresponsibility [J]. Journal of Business Ethics, 183: 147 - 163.

ZHANG Z, HU Y T, WANG J, 2022. CSR is not a panacea: The influence of CSR on disgust and turnover intention[J]. Journal of Vocational Behavior, 140: 103821.